U0081640

心一堂術數古籍珍本叢刊

書名：章仲山秘傳玄空斷驗筆記 附 章仲山斷宅圖註
系列：心一堂術數古籍珍本叢刊　堪輿類　無常派玄空珍秘　第二輯　174
作者：【清】章仲山傳、【清】唐鷺亭纂
主編、責任編輯：陳劍聰
心一堂術數古籍珍本叢刊編校小組：陳劍聰　素聞　梁松盛　鄒偉才　虛白盧主

出版：心一堂有限公司
地址／門市：香港九龍旺角西洋菜南街五號好望角大廈一〇〇三室
電話號碼：+852-6715-0840　+852-6633-7949
網址：sunyata.cc
publish.sunyata.cc
電郵：sunyatabook@gmail.com
網上書店：http://book.sunyata.cc
網上論壇：http://bbs.sunyata.cc/

版次：二零一六年十一月初版
平裝

定價：港幣　七百八十元正
人民幣　七百八十元正
新台幣　三千兩百八十元正

國際書號：ISBN 978-988-8317-42-4

版權所有　翻印必究

香港及海外發行：香港聯合書刊物流有限公司
地址：香港新界大埔汀麗路三十六號中華商務印刷大廈三樓
電話號碼：+852-2150-2100
傳真號碼：+852-2407-3062
電郵：info@suplogistics.com.hk

台灣發行：秀威資訊科技股份有限公司
地址：台灣台北市內湖區瑞光路七十六巷六十五號一樓
電話號碼：+886-2-2796-3638
傳真號碼：+886-2-2796-1377
網絡書店：www.bodbooks.com.tw
台灣讀者服務中心：國家書店
地址：台灣台北市中山區松江路二〇九號一樓
電話號碼：+886-2-2518-0207
傳真號碼：+886-2-2518-0778
網絡書店：http://www.govbooks.com.tw/

中國大陸發行・零售：心一堂書店
深圳地址：中國深圳羅湖立新路六號東門博雅負一層零零八號
電話號碼：+86-755-8222-4934
北京地址：中國北京東城區雍和宮大街四十號
心一店淘寶網：http://sunyatacc.taobao.com

心一堂術數古籍 珍本 整理 叢刊 總序

術數定義

術數，大概可謂以「推算（推演）、預測人（個人、群體、國家等）、事、物、自然現象、時間、空間方位等規律及氣數，並或通過種種『方術』，從而達致趨吉避凶或某種特定目的」之知識體系和方法。

術數類別

我國術數的內容類別，歷代不盡相同，例如《漢書・藝文志》中載，漢代術數有六類：天文、曆譜、五行、蓍龜、雜占、形法。至清代《四庫全書》，術數類則有：數學、占候、相宅相墓、占卜、命書、相書、陰陽五行、雜技術等，其他如《後漢書・方術部》、《藝文類聚・方術部》、《太平御覽・方術部》等，對於術數的分類，皆有差異。古代多把天文、曆譜、及部分數學均歸入術數類，而民間流行亦視傳統醫學作為術數的一環；此外，有些術數與宗教中的方術亦往往難以分開。現代民間則常將各種術數歸納為五大類別：命、卜、相、醫、山，通稱「五術」。

本叢刊在《四庫全書》的分類基礎上，將術數分為九大類別：占筮、星命、相術、堪輿、選擇、三式、讖諱、理數（陰陽五行）、雜術（其他）。而未收天文、曆譜、算術、宗教方術、醫學。

術數思想與發展——從術到學，乃至合道

我國術數是由上古的占星、卜筮、形法等術發展下來的。其中卜筮之術，是歷經夏商周三代而通過「龜卜、蓍筮」得出卜（筮）辭的一種預測（吉凶成敗）術，之後歸納並結集成書，此即現傳之《易

經》。經過春秋戰國至秦漢之際，受到當時諸子百家的影響、儒家的推崇，遂有《易傳》等的出現，原本是卜筮術書的《易經》，被提升及解讀成有包涵「天地之道（理）」之學。因此，《易・繫辭傳》曰：「易與天地準，故能彌綸天地之道。」

漢代以後，易學中的陰陽學說，與五行、九宮、干支、氣運、災變、律曆、卦氣、讖緯、天人感應說等相結合，形成易學中象數系統。而其他原與《易經》本來沒有關係的術數，如占星、形法、選擇，亦漸漸以易理（象數學說）為依歸。《四庫全書・易類小序》云：「術數之興，多在秦漢以後。要其旨，不出乎陰陽五行，生尅制化。實皆《易》之支派，傅以雜說耳。」至此，術數可謂已由「術」發展成「學」。

及至宋代，術數理論與理學中的河圖洛書、太極圖、邵雍先天之學及皇極經世等學說給合，通過術數以演繹理學中「天地中有一太極，萬物中各有一太極」（《朱子語類》）的思想。術數理論不單已發展至十分成熟，而且也從其學理中衍生一些新的方法或理論，如《梅花易數》、《河洛理數》等。

在傳統上，術數功能往往不止於僅僅作為趨吉避凶的方術，及「能彌綸天地之道」的學問，亦有其「修心養性」的功能，「與道合一」（修道）的內涵。《素問・上古天真論》：「上古之人，其知道者，法於陰陽，和於術數。」數之意義，不單是外在的算數、歷數、氣數，而是與理學中同等的「道」、「理」--心性的功能，北宋理氣家邵雍對此多有發揮：「聖人之心，是亦數也」、「萬化萬事生乎心」、「心為太極」。《觀物外篇》：「先天之學，心法也。……蓋天地萬物之理，盡在其中矣，心一而不分，則能應萬物。」反過來說，宋代的術數理論，受到當時理學、佛道及宋易影響，認為心性本質上是等同天地之太極。天地萬物氣數規律，能通過內觀自心而有所感知，即是內心也已具備有術數的推演及預測、感知能力；相傳是邵雍所創之《梅花易數》，便是在這樣的背景下誕生。

《易・文言傳》已有「積善之家，必有餘慶；積不善之家，必有餘殃」之說，至漢代流行的災變說及讖緯說，我國數千年來都認為天災，異常天象（自然現象），皆與一國或一地的施政者失德有關；下至家族、個人之盛衰，也都與一族一人之德行修養有關。因此，我國術數中除了吉凶盛衰理數之外，人心的德行修養，也是趨吉避凶的一個關鍵因素。

術數與宗教、修道

在這種思想之下，我國術數不單只是附屬於巫術或宗教行為的方術，又往往是一種宗教的修煉手段--通過術數，以知陰陽，乃至合陰陽（道）。「其知道者，法於陰陽，和於術數。」例如，「奇門遁甲」術中，即分為「術奇門」與「法奇門」兩大類。「法奇門」中有大量道教中符籙、手印、存想、內煉的內容，是道教內丹外法的一種重要外法修煉體系。甚至在雷法一系的修煉上，亦大量應用了術數內容。此外，相術、堪輿術中也有修煉望氣（氣的形狀、顏色）的方法；堪輿家除了選擇陰陽宅之吉凶外，也有道教中選擇適合修道環境（法、財、侶、地中的地）的方法，以至通過堪輿術觀察天地山川陰陽之氣，亦成為領悟陰陽金丹大道的一途。

易學體系以外的術數與的少數民族的術數

我國術數中，也有不用或不全用易理作為其理論依據的，如揚雄的《太玄》、司馬光的《潛虛》。也有一些占卜法、雜術不屬於《易經》系統，不過對後世影響較少而已。

外來宗教及少數民族中也有不少雖受漢文化影響（如陰陽、五行、二十八宿等學說。）但仍自成系統的術數，如古代的西夏、突厥、吐魯番等占卜及星占術，藏族中有多種藏傳佛教占卜術、苯教占卜術、擇吉術、推命術、相術等；北方少數民族有薩滿教占卜術；不少少數民族如水族、白族、布朗族、佤族、彝族、苗族等，皆有占雞（卦）草卜、雞蛋卜等術，納西族的占星術、占卜術，彝族畢摩的推命術、占卜術……等等，都是屬於《易經》體系以外的術數。相對上，外國傳入的術數以及其理論，對我國術數影響更大。

曆法、推步術與外來術數的影響

我國的術數與曆法的關係非常緊密。早期的術數中，很多是利用星宿或星宿組合的位置（如某星在某州或某宮某度）付予某種吉凶意義，并據之以推演，例如歲星（木星）、月將（某月太陽所躔之宮次）等。不過，由於不同的古代曆法推步的誤差及歲差的問題，若干年後，其術數所用之星辰的位置，已與真實星辰的位置不一樣了；此如歲星（木星），早期的曆法及術數以十二年為一周期（以應地支），與木星真實周期十一點八六年，每幾十年便錯一宮。後來術家又設一「太歲」的假想星體來解決，是歲星運行的相反，週期亦剛好是十二年。而術數中的神煞，很多即是根據太歲的位置而定。又如六壬術中的「月將」，原是立春節氣後太陽躔娵訾之次而稱作「登明亥將」，至宋代，因歲差的關係，要到雨水節氣後太陽才躔娵訾之次，當時沈括提出了修正，但明清時六壬術中「月將」仍然沿用宋代沈括修正的起法沒有再修正。

由於以真實星象周期的推步術是非常繁複，而且古代星象推步術本身亦有不少誤差，大多數術數除依曆書保留了太陽（節氣）、太陰（月相）的簡單宮次計算外，漸漸形成根據干支、日月等的各自起例，以起出其他具有不同含義的眾多假想星象及神煞系統。唐宋以後，我國絕大部分術數都主要沿用這一系統，也出現了不少完全脫離真實星象的術數，如《子平術》、《紫微斗數》、《鐵版神數》等。後來就連一些利用真實星辰位置的術數，如《七政四餘術》及選擇法中的《天星選擇》，也已與假想星象及神煞混合而使用了。

隨着古代外國曆（推步）、術數的傳入，如唐代傳入的印度曆法及術數，元代傳入的回回曆等，其中我國占星術便吸收了印度占星術中羅睺星、計都星等而形成四餘星，又通過阿拉伯占星術而吸收了其中來自希臘、巴比倫占星術的黃道十二宮、四大（四元素）學說（地、水、火、風），並與我國傳統的二十八宿、五行說、神煞系統並存而形成《七政四餘術》。此外，一些術數中的北斗星名，不用我國傳統的星名：天樞、天璇、天璣、天權、玉衡、開陽、搖光，而是使用來自印度梵文所譯的：貪狼、巨門、祿存、文曲，廉貞、武曲、破軍等，此明顯是受到唐代從印度傳入的曆法及占星術所影響。如星命術中的《紫微斗數》及堪輿術中的《撼龍經》等文獻中，其星皆用印度譯名。及至清初《時憲曆》，置閏之法則改用西法「定氣」。清代以後的術數，又作過不少的調整。

此外，我國相術中的面相術、手相術，唐宋之際受印度相術影響頗大，至民國初年，又通過翻譯歐西、日本的相術書籍而大量吸收歐西相術的內容，形成了現代我國坊間流行的新式相術。

陰陽學——術數在古代、官方管理及外國的影響

術數在古代社會中一直扮演着一個非常重要的角色，影響層面不單只是某一階層、某一職業、某一年齡的人，而是上自帝王，下至普通百姓，從出生到死亡，不論是生活上的小事如洗髮、出行等，大事如建房、入伙、出兵等，從個人、家族以至國家，從天文、氣象、地理到人事、軍事，從民俗、學術到宗教，都離不開術數的應用。我國最晚在唐代開始，已把以上術數之學，稱作陰陽（學），行術數者稱陰陽人。（敦煌文書、斯四三二七唐《師師漫語話》：「以下說陰陽人謾語話」，此說法後來傳入日本，今日本人稱行術數者為「陰陽師」）。一直到了清末，欽天監中負責陰陽術數的官員中，以及民間術數之士，仍名陰陽生。

古代政府的中欽天監（司天監），除了負責天文、曆法、輿地之外，亦精通其他如星占、選擇、堪輿等術數，除在皇室人員及朝庭中應用外，也定期頒行日書、修定術數，使民間對於天文、日曆用事吉凶及使用其他術數時，有所依從。

我國古代政府對官方及民間陰陽學及陰陽官員，從其內容、人員的選拔、培訓、認證、考核、律法監管等，都有制度。至明清兩代，其制度更為完善、嚴格。

宋代官學之中，課程中已有陰陽學及其考試的內容。（宋徽宗崇寧三年〔一一零四年〕崇寧算學令：「諸學生習……並曆算、三式、天文書。」「諸試……三式即射覆及預占三日陰陽風雨。天文即預

定一月或一季分野災祥，並以依經備草合問為通。」

金代司天臺，從民間「草澤人」（即民間習術數人士）考試選拔：「其試之制，以《宣明曆》試推步，及《婚書》、《地理新書》試合婚、安葬，並《易》筮法，六壬課、三命、五星之術。」（《金史》卷五十一・志第三十二・選舉一）

元代為進一步加強官方陰陽學對民間的影響、管理、控制及培育，除沿襲宋代、金代在司天監掌管陰陽學及中央的官學陰陽學課程之外，更在地方上增設陰陽學課程（《元史・選舉志一》：「世祖至元二十八年夏六月始置諸路陰陽學。」）地方上也設陰陽學教授員，培育及管轄地方陰陽人。（《元史・選舉志一》：「（元仁宗）延祐初，令陰陽人依儒醫例，於路、府、州設教授員，凡陰陽人皆管轄之，而上屬於太史焉。」）自此，民間的陰陽術士（陰陽人），被納入官方的管轄之下。

至明清兩代，陰陽學制度更為完善。中央欽天監掌管陰陽學，明代地方縣設陰陽學正術，各州設陰陽學典術，各縣設陰陽學訓術。陰陽人從地方陰陽學肆業或被選拔出來後，再送到欽天監考試。（《大明會典》卷二二三：「凡天下府州縣舉到陰陽人堪任正術等官者，俱從吏部送（欽天監），考中，送回選用；不中者發回原籍為民，原保官吏治罪。」）清代大致沿用明制，凡陰陽術數之流，悉歸中央欽天監及地方陰陽官員管理、培訓、認證。至今尚有「紹興府陰陽印」、「東光縣陰陽學記」等明代銅印，及某某縣某某某之清代陰陽執照等傳世。

清代欽天監漏刻科對官員要求甚為嚴格。《大清會典》「國子監」規定：「凡算學之教，設肄業生。滿洲十有二人，蒙古、漢軍各六人，於各旗官學內考取。漢十有二人，於舉人、貢監生童內考取。附學生二十四人，由欽天監選送。教以天文演算法諸書，五年學業有成，舉人引見以欽天監博士用，貢監生童以天文生補用。」學生在官學肄業、貢監生肄業或考得舉人後，經過了五年對天文、算法、陰陽學的學習，其中精通陰陽術數者，會送往漏刻科。而在欽天監供職的官員，《大清會典則例》「欽天監」規定：「本監官生三年考核一次，術業精通者，保題升用。不及者，停其升轉，再加學習。如能黽勉供職，即予開復。仍不及者，降職一等，再令學習三年，能習熟者，准予開復，仍不能者，黜退。」除定期考核以定其升用降職外，《大清律例》中對陰陽術士不準確的推斷（妄言禍福）是要治罪的。《大清律例・一七八・術七・妄言禍福》：「凡陰陽術士，不許於大小文武官員之家妄言禍福，違者杖一百。其依經推算星命卜課，不在禁限。」大小文武官員延請的陰陽術士，自然是以欽天監漏刻科官員或地方陰陽官員為主。

官方陰陽學制度也影響鄰國如朝鮮、日本、越南等地，一直到了民國時期，鄰國仍然沿用着我國的多種術數。而我國的漢族術數，在古代甚至影響遍及西夏、突厥、吐蕃、阿拉伯、印度、東南亞諸國。

術數研究

術數在我國古代社會雖然影響深遠，「是傳統中國理念中的一門科學，從傳統的陰陽、五行、九宮、八卦、河圖、洛書等觀念作大自然的研究。……傳統中國的天文學、數學、煉丹術等，要到上世紀中葉始受世界學者肯定。可是，術數還未受到應得的注意。術數在傳統中國科技史、思想史，文化史、社會史，甚至軍事史都有一定的影響。……更進一步了解術數，我們將更能了解中國歷史的全貌。」（何丙郁《術數、天文與醫學中國科技史的新視野》，香港城市大學中國文化中心。）

可是術數至今一直不受正統學界所重視，加上術家藏秘自珍，又揚言天機不可洩漏，「（術數）乃吾國科學與哲學融貫而成一種學說，數千年來傳衍嬗變，或隱或現，全賴一二有心人為之繼續維繫，賴以不絕，其中確有學術上研究之價值，非徒癡人說夢，荒誕不經之謂也。其所以至今不能在科學中成立一種地位者，實有數因。蓋古代士大夫階級目醫卜星相為九流之學，多恥道之；而發明諸大師又故為惝恍迷離之辭，以待後人探索；間有一二賢者有所發明，亦秘莫如深，既恐洩天地之秘，復恐譏為旁門左道，始終不肯公開研究，成立一有系統說明之書籍，貽之後世。故居今日而欲研究此種學術，實一極困難之事。」（民國徐樂吾《子平真詮評註》，方重審序）

現存的術數古籍，除極少數是唐、宋、元的版本外，絕大多數是明、清兩代的版本。其內容也主要是明、清兩代流行的術數，唐宋或以前的術數及其書籍，大部分均已失傳，只能從史料記載、出土文獻、敦煌遺書中稍窺一鱗半爪。

術數版本

坊間術數古籍版本，大多是晚清書坊之翻刻本及民國書賈之重排本，其中豕亥魚魯，或任意增刪，往往文意全非，以至不能卒讀。現今不論是術數愛好者，還是民俗、史學、社會、文化、版本等學術研究者，要想得一常見術數書籍的善本、原版，已經非常困難，更遑論如稿本、鈔本、孤本等珍稀版本。在文獻不足及缺乏善本的情況下，要想對術數的源流、理法、及其影響，作全面深入的研究，幾不可能。

有見及此，本叢刊編校小組經多年努力及多方協助，在海內外搜羅了二十世紀六十年代以前漢文為主的術數類善本、珍本、鈔本、孤本、稿本、批校本等數百種，精選出其中最佳版本，分別輯入兩個系列：

一、心一堂術數古籍珍本叢刊

二、心一堂術數古籍整理叢刊

前者以最新數碼（數位）技術清理、修復珍本原本的版面，更正明顯的錯訛，部分善本更以原色彩色精印，務求更勝原本。并以每百多種珍本、一百二十冊為一輯，分輯出版，以饗讀者。

後者延請、稿約有關專家、學者，以善本、珍本等作底本，參以其他版本，古籍進行審定、校勘、注釋，務求打造一最善版本，方便現代人閱讀、理解、研究等之用。

限於編校小組的水平，版本選擇及考證、文字修正、提要內容等方面，恐有疏漏及舛誤之處，懇請方家不吝指正。

心一堂術數古籍 珍本/整理 叢刊編校小組

二零零九年七月序

二零一四年九月第三次修訂

乾巽向六白入中 地盤亥山同

三 八 七 山 酉

一 六 入中順 二

五 四 九

向

乾巽向六白入中天盤 乾山

双令到山

二一 七五 六六

九三 五 伏吟 入中順飛 七入中逆 一二

四八 三九 八四

戌向六白入中地盤

向

五	一	三
四	六入中順	八
九	二	七山庚

戌辰向六白八中天盤

双令到向

返吟

六六	一三	八四
七五	五入中逆飛 七入中順	三九
二一	九三	四八

即前壬山丙向起百運圖　癸山丁向子山午向同用一白入中九巽順一入中逆

四
中　九
九　六
八　　二
四　丙　午　丁　未
巽　巳　五　坤
辰　九　七　申
乙　庚
三　卯　八　一五　三　酉　七　二
甲　辛
寅　四　六　二　戌
艮　乾
八　丑　癸　子　壬　亥　六　一
三
順起
一五

逆起
一五
四
二　六　八
丙　午　丁　未
巽　巳　五　坤
辰　九　七　申
乙　庚
三　七　卯　八　中一五　三　酉　三　八
甲　辛
寅　四　六　二　戌
艮　乾
二　丑　癸　子　壬　亥　四
七　九　九
五

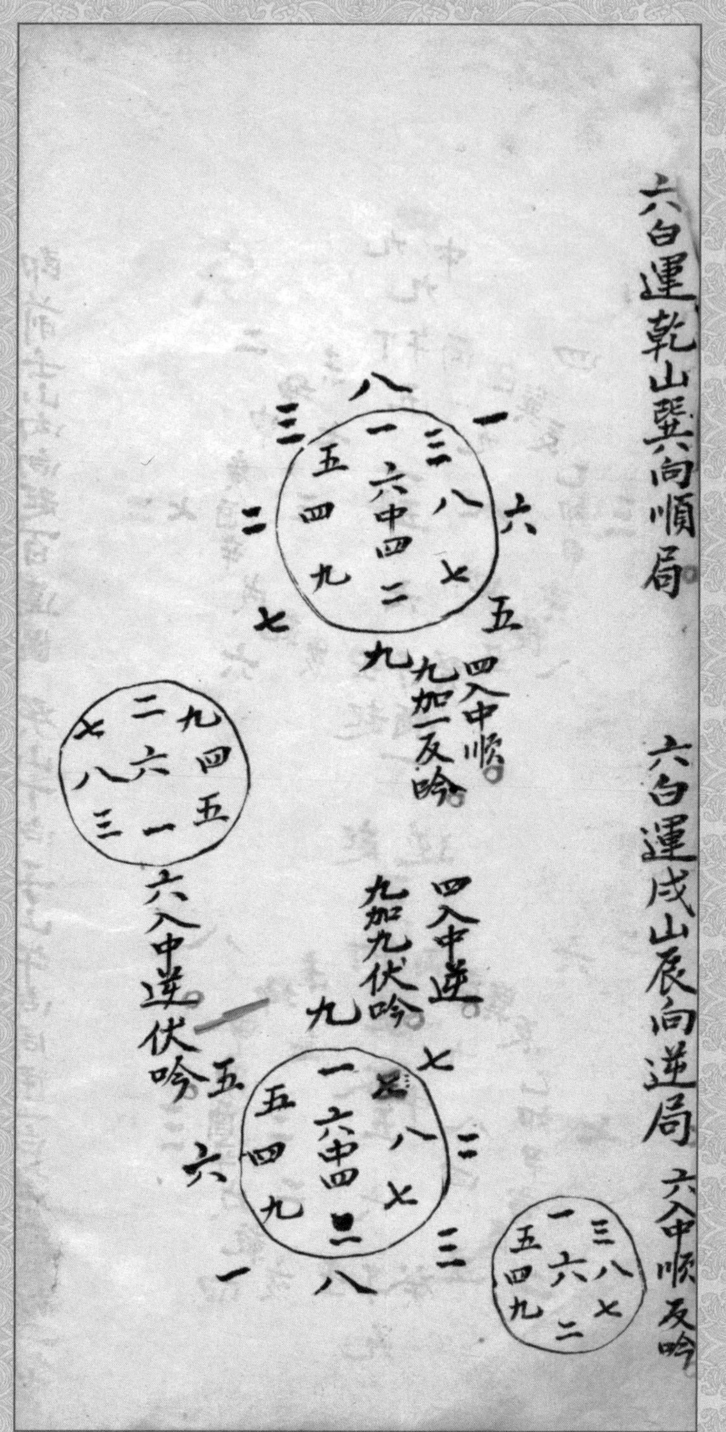
六白運乾山巽向順局
四入中順
九加一反吟
六白運戌山辰向逆局
四入中逆
九加九伏吟
六入中逆伏吟
六入中順反吟

山水挨星圖

中乾兑艮離坎坤震巽

貪巨祿文廉武破輔弼

一一二二三三四四五五六六七七八八九九

二九三一四二五三六四七五八六九七一八

三八四九五一六二七三八四九五一六二七

四七五八六九七一八二九三一四二五三六

五六六七七八八九九一一二二三三四四五

六五七六八七九八一九二一三二四三五四

七四八五九六一七二八三九四一五二六三

八三九四一五二六三七四八五九六一七二

九二一三二四三五四六五七六八七九八一

山水挨星圖

	中	乾	兌	艮	離	坎	坤	震	巽
貪	一一	二九	三八	四七	五六	六五	七四	八三	九二
巨	二二	三一	四九	五八	六七	七六	八五	九四	一三
彔	三三	四二	五一	六九	七八	八七	九六	一五	二四
文	四四	五三	六二	七一	八九	九八	一七	二六	三五
廉	五五	六四	七三	八二	九一	一九	二八	三七	四六
武	六六	七五	八四	九三	一二	二一	三九	四八	五七
破	七七	八六	九五	一四	二三	三二	四一	五九	六八
輔	八八	九七	一六	二五	三四	四三	五二	六一	七九
弼	九九	一八	二七	三六	四五	五四	六三	七二	八一

坤壬乙巨门從頭出
艮丙辛位〻是破軍
巽辰亥盡是武曲位
甲癸申貪狼一路行
子未卯三位祿存到
寅庚丁原耒作輔星
乾戌巳文曲廉貞次
午酉丑右弼俱屬九

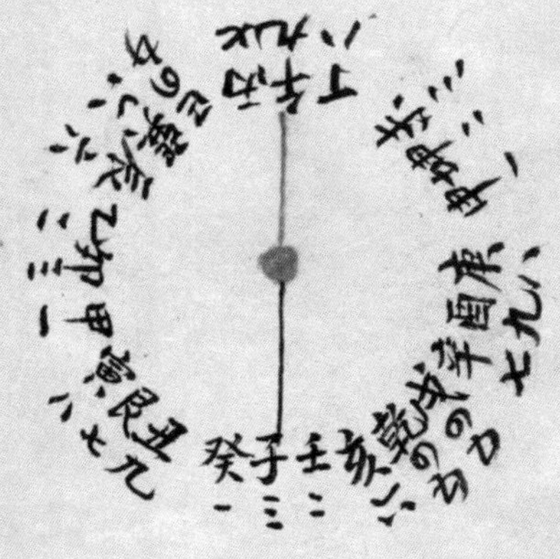

乙丙須防巽水先 丁庚坤上是黃泉 甲癸向中憂見艮

辛壬水路怕當乾

離三 武左
曲右

坎二 武右
曲左

天驚訣

九宮八卦貴乘時。能於天心穴易知。古日景純傳妙訣。陰陽點破萬般奇。天根月窟真消息。倒地翻天如局棋。殆把山川來傳使。其人不曉此中詞。玄空大卦更玄玄。石破天驚不易傳。天卦在真真玉寶。陰陽雨露遞元遷。九星双起雌雄異。要合天心造化機。江左凡師錯解着。干支上面細推疑。

立極中行各主張　五六七八任飛揚排來向上分顛倒調佈中宮妙異常財煞死生天卦亦陰陽順逆細推詳五行六在干支上死得天心必換方名非有定星隨氣變　山用順而水用逆水用逆而星用順在山山上起死水水上起

地盤總順將下葬之年何運入中順飛到向上得何星卦看陰陽而定陽順陰逆即將向上之星入中飛去為天盤準用地盤上飛五黃到向五黃無位將向上陰陽為順逆五黃入中去今之乘時伏吟反吟不忌

為六白運運用乾山巽向即順局為伏吟 六白運用戌辰即逆局為反吟

註（一白在一白宮為伏吟　一白在九紫宮為反吟）中黃二十年辰戌丑未寄在乾巽坤艮巽向上中十年旺丑戌下中十年旺辰未又遇丑戌年有水旺上中之年凶或遇辰未年下中即旺 六白運坎水為催官水有青峰力加十倍下元九紫運有巽水為四九為友巽水又旺又有乾峰力加十倍兼出峰亦力八宮同有此水兼出峰即兼氣有財兼丁矣

壬山丙向一白運內用癸山丁向子山午向一白運內用

一入中地盤
五入中天盤順飛

九 丁午丙 中
未坤申
七 庚酉辛
戌乾亥 六
壬子癸 起一 順
丑艮寅 八
甲卯乙 三
辰巽巳 四
一五順

一入中地盤
五入中天盤逆飛

起一 逆中 丁午丙
未坤申 八
庚酉辛
戌乾亥 四
壬子癸 九
丑艮寅 二
甲卯乙 七
辰巽巳 起 六
一五逆

一白起二三四五六七八九
止用排山掌訣又用
歸本位九紫起一白
逆行到坎九止

五黃前用一二三四星順排六七八九星要逆挨

五黃後須用六七八九星順飛一二三四星要逆佈
艮寅甲兮巽巳丙坤申庚兮乾亥壬十二星辰要順行子癸丑兮
卯乙辰午丁未兮酉辛戌十二星辰要逆輪
九宮排順逆一二三四五六七八九須要順飛九八七六五四三二一便
要逆佈
天地定位陰陽造更仰觀俯察河洛星文先後入卦倚用咸
明排文換象洛卦相尋五德為偉四七為經宮移度改兮
抉殊情情悉彼庸術妄識權衡刪邪表正協古道兮分元
定卦測日推星天根月窟來往皆要句　錄雲間蔣大鴻先生撰

上元甲子甲戌用

午丁正向
丁午丙　五
未坤申　七
庚酉辛　三
巽巳　九
一

一白運用午丁正向須要辛酉有水又要戌乾亥庚酉辛丑艮寅巳水皆為上地

一白運內丑向須要辛酉有水次要庚酉辛戌乾亥水為中地

一白運內用辛酉向須要辛酉有水次要戌乾亥水亦為中地

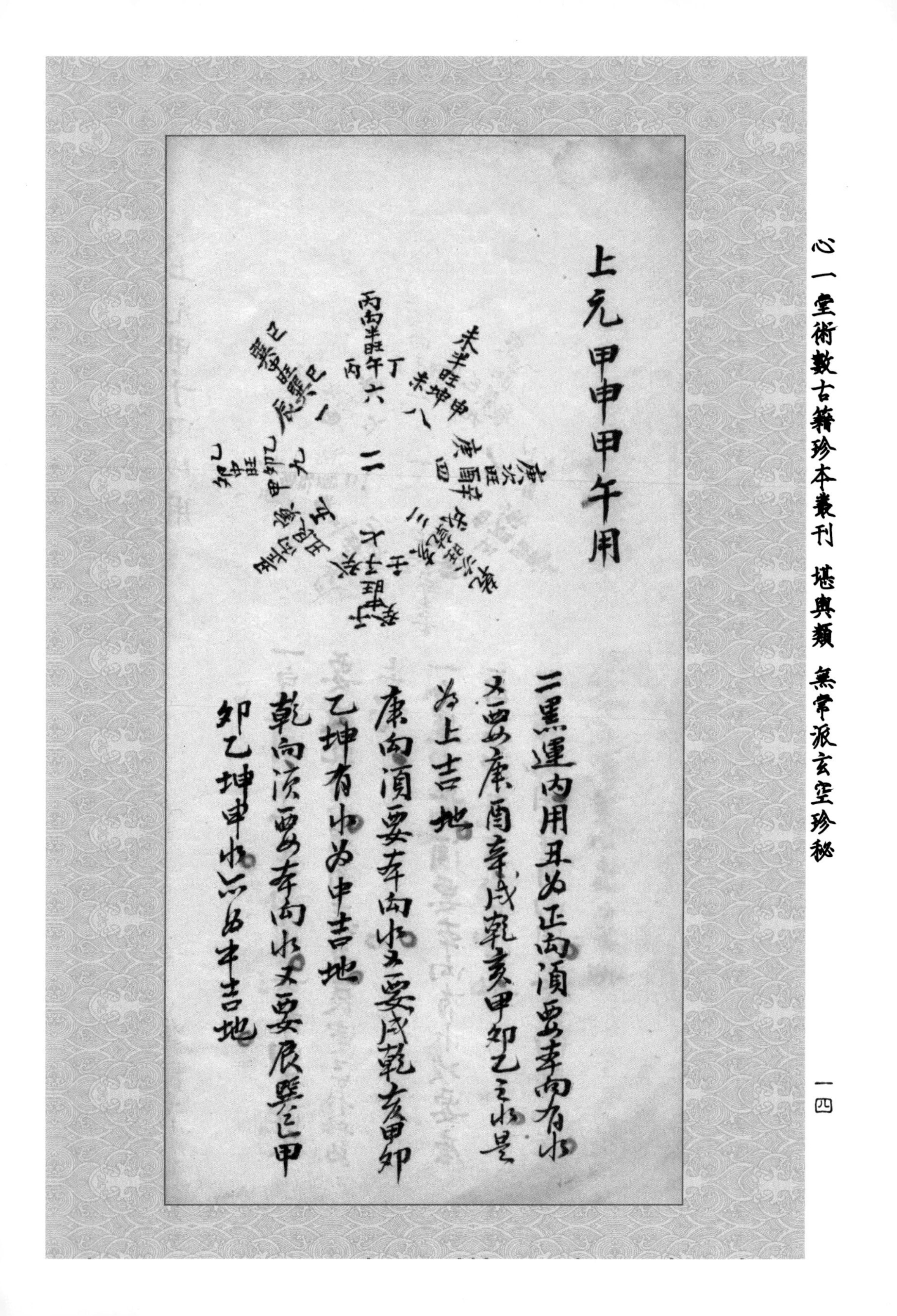

上元甲申甲午用

二

丙向半旺午丁丙午六

二黑運內用丑為正向須要辛向有水又要如庚酉辛戌乾亥甲卯乙之水是為上吉地

庚向須要辛向水又要戌乾亥甲卯乙坤有水為中吉地

乾向須要辛向水又要辰巽巳甲卯乙坤申水亦為中吉地

上元甲辰甲寅用

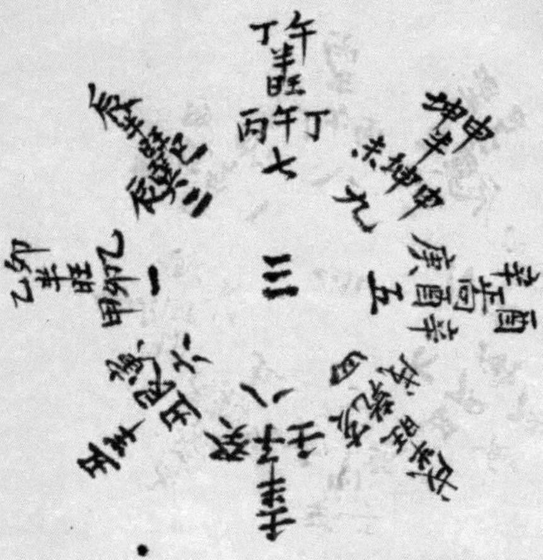

三碧運內用酉辛正向須要辛向有水又要戌乾亥甲卯乙之水此為上地

戌向須要辛向有水又要辰巽巳甲卯乙未坤申之水為中吉

辰向須要辛向有水又要甲卯乙坤申庚之水亦為中吉地

中元甲子甲戌用

丙午丁　八
未坤申　一
庚酉辛　六
戌乾亥　九
壬子癸　七
丑艮寅
甲卯乙　二
辰巽巳　三
四

四祿運內用戌為正向須要辛向有水又要辰巽巳甲卯乙未坤申之水為上吉地

巳向辛向要水又要甲卯乙未坤申壬子癸之水是為大吉

甲向辛向要水又要未坤申壬子癸之水為大吉

中元甲申十年丑戌為正局丁酉次之甲午十年辰未為正局卯乙子癸次之

九

二 四

七 五 三

六 一 八

戌向三上要水又要辰巽巳甲卯乙未坤申之水若有辰戌丑未之水是五黃杀此為三元不敗之地

辰向用辰巽巳甲卯乙未坤申壬子癸之四水

丑向用本向水酉戌辰之水

未向用本向水子午艮四宮之水

中元甲辰甲寅用

六白星當用辰為正向要奉向水又要
甲卯乙未坤申壬子癸之水此為上吉
甲向要奉向水來又要坤申壬子癸之水
是為半吉
坤申向奉向右水兌酉要壬子癸丙
午丁丑艮寅之水亦為半吉

下元甲子甲戌用

丙向午丁
丙午丁　二
辰向巽巳
辰巽巳　六
未向坤申
未坤申　四
七
九
一
五
甲卯乙
卯向乙
寅向艮
丑艮寅　一
三
癸向子壬
壬子癸

七赤運內用卯乙正向要辛向有水
又要未坤申壬子癸丙午丁辰巽巳之水
此為上吉
未向要辛向水又要辛壬子癸丙午丁
丑艮寅之水為中吉
子癸向要辛向水又要丙午丁丑艮
寅庚酉辛之水亦為中吉

下元甲申甲午用

未坤申 五
庚酉辛 一
戌乾亥 七
壬子癸 四
丑艮寅 三
甲卯乙 六
辰巽巳 大
丙午丁 二
八

八白運四用未正向要辛向有水大要
壬子癸丙午丁丑艮寅六之水為上吉地
未向要辛向水又要丙午丁丑艮寅庚
酉辛之水為中吉
午丁向要辛向水又要丑艮寅六庚酉
辛戌乾亥之水二為中吉

下元甲辰甲寅用

丙向 丙午丁 四
未向 未坤申 六
辰向 辰巽巳 一
九
庚向 庚酉辛 二
乙向 甲卯乙 七
丑艮寅 三
壬向 壬子癸 五
戌乾亥 八

九紫運內用子癸正向要向上要水又九旺
要丙午丁一旺丑艮二旺寅庚三旺酉辛二二水此為
上吉地合旺八十年
丙向二上一旺要水又要丑艮寅二旺庚酉辛三旺戌
乾亥二二水是為半吉六旺八十年
庚向二上三旺要水又要戌四旺乾亥二二水六
為半吉一四旺

第一層洛書 第二層八卦
第三層地盤 第四層天盤
第五層挨星 第六層順逆

中五

一坎 壬戌乾亥

坤壬乙巨门從頭出
艮丙辛位位是破軍
巽辰亥盡是武曲位
甲癸申貪狼一路行
子未卯三位祿存到
寅庚丁厚來作輔星
乾戌巳文曲廉貞次
午酉丑右弼俱屬九

如輿語呼着某即將某入中偶遇震兑年丁乾艮等霉將數入中如兼法須隨時假如六運用巽乾或辰戌或巳亥向者甚多如在初運用巳亥正向不兼壬不兼乾此為之直向初年不利列甲寅運方可如兼乾三分即將七入中逆排初年利交下元即退敗并女子 如兼壬仍作亥算 如作乾向不兼亥戌將七入中兼亥向為乾兼戌此謂向首錯亂兼三分猶可多兼則為双山雖與向同向一陰一陽故耳

一三五七九奇逆二四六八十偶順行也直元命星照在直向上呼某字即用坤壬乙之類兼一二度為直向六運用卯直向得震巽水發四十年丁財也坎離為定向一運用

六入中六運用一入中為一六其宗坎離之向為替法

又有吊法假如六運用卯甲二向巽辰武曲位在卯用丁向為替法

替出亥字丁向癸在丁用一入中逆亥在丁為替以六入中由至三為弟

坎離二宮作向與他卦不同假如六運用一入中逆（六入九令星）在向用順（六入一令星）

子癸向六入一（令星）在山此為用生成法也

上元一二三不歸中二元四六不歸中五黃運南北八神其卦之時坤壬

乙艮丙辛巽辰亥甲癸申不歸中皆用其時直達不兼用其兼歸

中宮其五黃運上十年用巽下十年分宮其用（辰）亥六白運巽辰亥艮

丙辛向上不歸中直用兼用卯歸中也兼用者補救也六白運用辰

斗柄指辰向辰則吉元二有五位歸中卯行結法也然六白運辰向

只有四吉倚雜丙水兼貪而為吉也
江東一卦起于東八神之中得其三何也三運排到之上卯乙向
三会星在向一二退四五六到兌可得也
江西一卦起于四七運用酉辛向得七八星為八神五六退九入中南
北八神五兒中為皇極包函之卦皆可用也非是東西二卦只得
一三七運用庚甲向五兒中即南北八神共一卦也五運用打結用五位
此中皆共一卦也
一白運用午丁向雜丁未坤水取八白在轉為五吉下做此為巳兌
六白運用辰向雜巳丙水即八兌兼貪巳而直向天门上辰為天门向
辰則兼貪為五吉五運用乾向雜亥壬水兼貪為五吉

山上龍神不下水〻裡神不上山〻管人丁水主財祿山龍排山坐平陽排水為主山中有水即有用向上排水平陽有山即用山上排山故山上令星要放在山名曰山管人丁不可放在水裡在水裡則敗財傷丁故曰山上龍神不下水也水上令星要在水名曰水主財祿不可放在山上在山上則傷丁退財故曰水裡龍神不上山也此謂山水二局比較令大地也

收山出煞者兩般夾出水將令星安在三叉口備一股單水令星不可放水口要放在底底來處為出煞

生入剋入生出剋出以中宮向上來比去論〻令煞二星五行以先後〻八卦合算入中再出令星入中假如六運六入中必絕也用一白最

久發丑未凶星在旺水上又逢戊己年太歲五黃到大凶年常不凶若在敗水上更凶必吉在吉水上逢流年吉歲吉星更吉用玄空三合六合對沖流年生年算坤流直射或在來水則傷人丁在玄口上湾抱女人多病在向上必傷人丁

玄空星向分先後徵如一運用甲癸申亥向大運先用癸一運用甲一運一在水癸在中一用亥壬向一運有一个六在丙艮丙辛六運先用辛亥丙

城門訣

水之交會要及時及令之星即為生氣一般水出口要一出六六出一一六白運中來水之源用六去水之要路用一排之流為來源六

白運辛乙兼戌辰一入中逆佈丁山癸向五入中逆佈
上元用成數九入中佈到向上再將向上星入中或順或逆佈五黃
到濵口山又戊巳年在此下元用生數六年逆佈一二三四五為生數六
七八九十為成數五黃運用中印五入中
奇數逆佈前兼龍神前兼向即得時得令之龍神驪珠不相
放山向合時合運也
偶數順行山向反吟伏吟再過年月反吟伏吟必凶矣
打劫法每元卦運石入中反從向上起星辰乃坤壬乙用法卦二
為今所用天星十八道法假如向上之星三碧石偶遇山上重起星輪
佈到向上是七赤星為十道或八方合十為秘

四吉卦用陰逆要生水局向
四凶卦用陽順要煞水局向
陰陽相乘上元六七八九水借六七八九星到水上為陰見陰凶若
一二三四星到六七八九水上為陰水見陽星此是陰陽相和吉或
五黃星到向或到山或到水口是名遇戊己年應凶（戊年應陽干陽支 己年應陰干陰支）故
應凶也
子午卯酉向用乾坤艮巽水口或乾坤艮巽向山前乾坤艮巽水口更有
乾坤艮巽向用四兼甲丙庚壬乙辛丁癸為雜（兼）向又云子癸為名雜或兼
壬或兼亥丑或乾亥兼壬或子癸兼丑為五行僅出一位貪狼原
是名為卦逆生向穴中入生和向者右貪狼生出者貪狼穴中右貪狼

驗法

起六七二八三九四一六二七三八五十五者八流年紫白法假如上元甲子坎一宮一白入中乙丑年九紫入中逆排六十年中元甲子起四綠逆排六十年下元甲子起七赤逆排六十年分日月時飛紫白能同到向首本卦相生和吉相尅則凶亦要看衰時衰旺不可失時相尅則凶矣上元一白坎入中二元四綠四三碧 下元七紫移乾宮

辛山乙向兼戌辰六白運用又中逆甲乙卯辰巽巳小水丙午丁大水只乾峰星飛為九地盤之順天盤之順為貴局地盤之逆天盤皆逆偶遇之皆貴丙上起星佈到水口上山上之星亦佈到水口上者不令星退到水口若以星逆山上龍神不下水者坐山之星入中佈八方見山得氣

星土之氣乃生見水凶橋壞屋高處得見用水日生凶下機為內得貪穴

取為內山向水上　兼內法陽字為貪兼一度三度陰內為輔兼二度四度

兼輔兼貪者非兼向用也是兼山收氣兼水出位之用也假如未坤水

去乾山巽向移作發未乃未坤申水兌丁未坤收為本元直通上元之用也

挨星訣

左為陽子癸至亥壬右為陰午丁至巳丙此為口訣　五四起　五六起

每一卦分三元法每一元管二十年甲乙未癸下之上卯巽坤壬下之中

乙辰申子下之下午辛乾丑上之上丙酉戌艮上之中丁庚亥寅上之下

上元一白二黑三碧君運中甲癸申坤壬乙一二三不要入中二元四綠六白

運中巽辰亥四六不要入中下元七赤八白九紫君運中艮丙辛七八九不

要入中三星五吉不同。註三星言龍脉五吉言卦氣五位相得而各有合謂之五吉也

下元末上元初前用申庚向故曰後凋中元初寅甲可兼用故晃棠

寅坤申艮御門開。開者兼通他卦也

取得輔星成五吉。註輔星不在天元宮之水中又不在天元宮之山上亦在天元宮最親最近水中

脉取貪狼護正龍。此謂兼取坎氣入穴以收上元之旧氣又八九運中元氣短促也

六白運因挨星接氣訣

庚山甲向有坤水見可用戌山辰向有卯水見可用艮山坤向有坎水見可用寅申同上午山子向有坤水見可用丁癸同上丙山壬向有午水見可用

。註一個星神一節龍一代風光一節龍以定世代遠近之應此龍神非來

龍之龍神是元運流動之龍神也

流年紫白法

上元甲子起貪狼中元甲子起四綠下元甲子起七赤是也如乾隆九年中元四綠十九二廿九三九一四九九五九八嘉慶九年七赤下元

```
六 七下元 八 九 三
五
四中元 三 二 一上元
```

子午卯酉正月八寅申巳亥正月二辰

掌訣

戌丑未正月五

易云數往者順知來者逆

山水挨星圖

貪 巨 祿 文 廉 武 破 輔 弼

中一白二一 二三 三 四四 五五 六六 七七 八八 九九

乾 二九 三一 四三 五三 六四 七五 八六 九七 一八

兑 三八 四九 五一 六二 七三 八四 九五 一六 二七

艮 四七 五八 六九 七一 八二 九三 一四 二五 三六

離 五六 六七 七八 八九 九一 一二 二三 三四 四五

坎 六五 七六 八七 九八 一九 二一 三二 四三 五四

坤 七四 八五 九六 一七 二八 三九 四一 五二 六三

震 八三 九四 一五 二六 三七 四八 五九 六一 七二

巽 九二 一三 二四 三五 四六 五七 六八 七九 八一

口授挨星口訣

坤壬乙未卯巨门出艮丙辛酉丑是破軍巽辰亥乾戌巳壬盡是

武曲對甲癸申子貪狼一例行庚午丁同寅起弼星
古經奧訣云坤壬乙文曲從頭出艮丙辛位〻屬廉貞巽庚癸武曲從頭
起乾甲丁貪狼一路行此言重九星而不重水火木金則不過借九星之
名顯五行之性亦同六位分布四方而成三合收山者也今此奧訣是
六凶之君子易其歌訣以成三元之正運爲陰陽之綱紀本是河圖
坎一坤二震三分爲上元巽四中五乾六分爲中元兌七艮八離九分爲下元
以上元甲子坎宮求中元甲子四綠順行流下元甲子起于兌是也
蓋坎得數之一也五行之首水也斗之魁貪狼也領坤震及四千二
支其主宰手上元甲子正運五行生旺之氣即分正之子壬而入于坤引
坤二子申震三子申而得干支同屬貪狼故上元之換星局以子癸申

申起貪狼位其坤未婚合震三而受壬震之子卯乙同爲巨門緒
環經會共理上元旺衰之事也
中元四綠統中黄及乾六掌中元甲子正運五行生旺之氣于是用
乾之武曲爲巽之對待故中元之換星局而以乾巽六位起武曲以廉
貞鎮守中宮維之之極御制四方於于建都宮陵寢則陽八表呂
其威福是名非此而下者必羅經其慎之
下元兌七生事統艮八爲九主掌下元甲子正運五行生旺之氣而兌
分巳之子庚寅寄于离之子丙艮之子丑同屬破軍而离得兌之子庚艮之
子寅同屬右弼司下元之代謝故下元之換星局以兌辛丑艮丙起破軍
以午丁庚寅起右弼也

已上三局惟中元乾巽兼挨星正卦干支不相假借者也何也因中五兼貞向乎其中也又上元之祿存中元之文曲下元之左輔未能離乎于總圖此非作者之隱謎而有天地自然之理也然以九数分三為叙一宮皆同而分統三元正運生死旺衰之氣而坎一又爲三元之統領九首星之首領中元下兩元所不得置之而論也其巽離九又爲首領陰陽之對待收攝元運之化机故得離九生旺之氣皆爲三元不敗之妙義也

楊公玄空大卦分位訣

坎巽離乾二長三艮坤兌卦順迴環震宮只用逆行取三二宮逆位領

二父母卦用

子午卯酉乾坤艮巽爲父母天卦也甲丙庚壬辰戌丑未爲地卦乃

父母卦之逆子也乙辛丁癸寅申巳亥爲人卦是父母卦之順子也父母卦分順之一卦右轉惟逆之一卦左轉此外前所謂兼收兼三卦二父母之用也

星訣

一用六二用七三用八四用九令星皆在坎离二而看順挨去九用四八用三七用二六用一假如六運用一入中逆佈丙向順佈子癸向　六入中离上得一逆佈丙上得六順佈壬癸亦得六

陽宅真訣

陽宅龍穴與陰宅無異但情宜寬大耳居山必論龍平陽須得水兩者相得方爲全美居山而無龍平陽不得水丁財不旺即旺亦暫時耳時師無合本論未多以俗訣斷人家禍福偶有一半驗焉以爲神而不知此彼竊得術非一端即使果驗不過一術終非明理之言也觀覽陽宅諸書

論說不一俚鄙者甚多惟思山云云近理可信然亦略未參差瑕瑜雜出是以博採諸書正其不定其是非畧序數篇明其大義以便覽者所揀擇而用焉

論目

一論局二論宅三論元運四論屋運五論生命六論流年合而觀之以上一宅之興衰重在形勢細看救星勿執一非以層象論斷可耳

分局

分局之法依水則照前法分之無水及水遠不接之處即以其局為城市中則以街路分之如或四圍皆屋中有一片空地則以空地分之空則氣通二則有衰有旺故其分局一如水法若屋小而倚近高屋如樓臺

盡殿宮之類則以回光反照之法為之反照之說即反風迴流之義也鄉
間居宅不倚水即傍街衢為之或前後左右有低凹為之者垣墻則以垣
墻為之在山則以溪澗為之或以山崗山凹為之其為局之法其局亦
支分不變總為水法二者一宅而止一局者有一宅而兼數局者有一宅
而前後左右四正四隅為局者辨之不可不清也凡依水法為局水宜
有情不宜來直射不宜湯胸沖面反跳斜飛俱不可取宜屈曲之
在係帶漾亦可兼水不必捨此帶漾兼水之法而專言為局也街
巷道路其理相通直射斜沖總為帶煞居之不宜佛塔牌坊宜
遠宜避晨鐘暮鼓少吉多凶總言合元得運可退元之道難矣
而街局漫云補救不亦難哉

論宅

局既定矣而後可以論宅其宅宜與局相生比和切勿與局相尅克或朝水或生水或倚水而作平陽之法非一宜朝水者宜生環遶而倚四正之局宜其四正之宅四隅之局宜其四隅之局宅取其陰陽純一而無駁雜之病也或有正隅同用者如一六二七三八四九用其一生一成之義聲氣相求兩美並陳外此則非宜矣宅無大小統之則為一局宅之大者一局之中又分九局依山傍水坐山朝向宜合時合令真假屋進零正向較別化須得其宜主僕之宅最大者也九局之中又分九局共成八十一局如八陣之列局之有正有變此中有輔弼之法蓋以大局為主小局附之則又不可概以純論也又或屋低小横一進二進三四五進井及

例廂者不能蓄氣，不可以宅論。必三進四進者，一進一例廂，則氣注蓄通，方可論宅。二大者府鄉，向小大宅者，下小村園家，不盡安，門雖多，別作一局論，而非其分生尅旺衰。若要斷，不取東西翦例，不可以一局論也。術者以東西四四分八宅，而以九星分吉凶，其最是陋，命之驗且術家甚重之，合陰陽二宅莫不由之去依法而推，則坎離之長生在坤申，而八宅何以有謂之絕命？坎之墓絕在巽，而八宅何以有謂之生氣？離之墓絕在乾，而八宅何以謂之禍害？即此二宅之言從山從向者一不符，術者亦該自知謬矣，而復巧為蓄八卦樓讀之說，以救八宅之窮。殊不知門上卦起卦，此但可論門，不可宅。異在有宅而後有門，非有門而後有宅也，其已失矣，而術家

務是詳其法之要通不亦藏哉

論運

凡屋樣到下運作幾向查依圖水火數筆土生成之數亦以局論其

生旺剋以為制化為下運作三向屬水在坎局則局生之屋在艮局

為屋剋局下運五向屬土在坎局為屋剋局在兌局為屋生局

下運七向屬火在坎局為屋剋局屋在震局為局生之屋論宅之向

局宅不和則向數化之而和也

凡屋有正有兼正屋以宅向為主而順兼照頭數之兼宅右

大宅而下運則論樣到下元生乾艮坎震為陽宅在內朝外

從左邊第一向數至右生巽离坤兌為陰宅在內朝外從右邊

第一向數至左為坎宅一白為主則朝外從左至第二向數白第二向二黑第三向碧三為主宅以九紫為主則左至第一向數至為起第三向一白第三向二黑其餘做此每至一方數不可接連星至一宅之極也而反逆者逆之之極一向者一向之之極無混亂相連之理也零屋從正屋宅星為主以論其生尅之生尅衰旺再以某方論以何某星看某星所屬再論其生尅制化為坎宅以一白為主入中宮排至二黑飛到乾方乾金生為一白之恩主飛臨坤上之氣二黑為坤二為老陰此方零屋宅去為居之方矣以某方為數而反被乾洩殺不及人以至自受其若向東三木西五 生東木方向西金作三木向而逆水屋屬木四綠在中向四為文昌星派

右房大利。若向坐西向東，作四向，延屬金，宜作倉庫。二碧為傷氣則兌受尅，二為震，震為長子，長子居之不利。吉作六向以化之。坐西為金，向殺為水，相生則吉。四綠則艮，艮為土，然木來尅之，離宮倘遇流年五黃殺到，此大凶。此方宜安靜，六事俱忌，非寺院官衙切不可於此方開門，主傷宅長及仲子。坐坎為宅，星坎為中男故也。六白生氣來守，元神長者居之，主延年益壽，一歲財星。七赤生到坤，坤之本土，然化而為鬼，居之大利。八白殺星到震，少子居之有災。不二黑到乾同斷。九紫財氣到巽，巽受生氣到巽，巽受生氣，中女居之不利。凡八局之零屋，其坐向不同，殺為上乾宮之例，取其相生剋化而已。殺法從屋不從局如在火局之兑方而作震屋則以三碧石數起如在火局之震方而作兑屋則從七赤數起所云物物太極而宮宮相借者也以此推之則每屋之主星可定而向數之主星亦可定也

論門

向數既定即以向數所值之星為主以論九宮飛星論其生旺衰死以為開門安牀之事之用如坐北向南如坎屋一白為主從左手數起第一向為向一白為魁星又為貪狼方屋比和大吉即看一白坎局二黑在乾三碧在兑四綠到艮五黃到離六白到坎七赤到坤八白到震九紫到巽各方開門安床作灶等之事之用須要看元運生旺人命五行吉凶乃屋之退而以用之如坎宅第一向一白數至第五向五黃之大煞又為屋之殺氣亦不可犯

此向斷為何作房主有孫寡孀瘵之病水命人居之甚危要避為流
二黑未併以死其餘八宮俱依此法推之可也

元運

三元大運每宮二十年上三宮共一百八十年而為一元三元共五百四十年
而為一周小運每宮旺十二十年三宮共六十年而一週目下在大運下元
七赤当運小運上元三碧当運大運看都會小運看村落民向陰陽
二宅俱用之故陽宅於本宮為主共二十年為一運一百八十年而一週其
所易之運視本宮之生尅生殺生旺有化之化為之吉凶蓋陰陽之數
火生於坎中故龍運自一而行至九水生離中故水運自九逆行至一
陽升陰一降陽再升陰再降故龍水之運兩二相配而成合十以用焉

無他視水而立局之合不合自無不旺者也至於歲運則視宅之所在何宮值年月年月之生剋制化以為修方造作之宜忌亦可得而悉矣附雍正甲寅年作此說

屋運論

屋運生山為主次看層數再看向數又零之數只宜相生不宜相剋凡層數向數零數俱以河圖水火木金土之序數也假如坎宅以水為主正屋三進三屬木每進之向又屬木正側共計十七向十數屬土七數屬火初運以坎山為事以運十七年屬水山生屋居之吉次以層數為事二層屬木每層十七年以運共三十四年俱吉次以向數為事以運十七年十屬土剋山大凶為木所制其凶減半年之再以零之數為事以

運十年七向屬火為少大既濟大吉共計六十年週運而復始再以小運行之坎宅不宜作五向五運五屬土居之丁財兩損宜再以流年生命六事參之方準餘以類推如離宅以火為主正屋宜作五層五層土宜運五向以屬土或七向屬火共計正側屋七十五向七十屬火五屬土以運之無不生旺自然有吉無凶矣或七向三運為木火相生亦吉又如震巽二宅以木為主不宜作五運五向五屬土受尅凶宜作七向三運而木火相生吉若作三向三運木太強不利主人宜用金行以剋之或金命人居之反吉又乾兌宅以金為主不宜作二向二運為金水相戰凶宜五向五運或八運居之興旺又如艮坤二宅以土為主不宜作三向三運宜五運四運七向凡向以上八宅畧舉一二為例數

此排之隨時隨地隨人佈置之務要細生旺使相皆好可矣如若不合式者待以運到時或修改近述或添設例屋更改以為救法可以化凶轉吉矣

上元一白坎局

二 杀見土剋水 陰 土生金
三 杀 洩見 水生木 金剋木
七 生 生見 金兼上吉 土生金
六 生氣大吉 金生水
五 杀見 生凶 土剋水 火生土
一
八 杀見 杀 土剋水木剋土
四 財 陣見 水生木 木剋土
九 財見 生吉 水剋火 木生火

此局向南作坎宅亦局同其余亦吉之病如向北做离宅則兼九紫為局看如水火既濟如向東做兌宅財兼七紫局看宅生局吉向西作震宅則兼三碧局看局生大吉

上元二黑坤局

東北方水為二黑坤局其生尅制化照前法推之凡二黑五黃為凶星其所到之方大大不宜如五黃到坤二黑入中宮則為黃聯黑其凶如信

八賢見魁 四魁見魁 三魁見魁

六寧見來 二澤見澤 七漢見成

一財見來 九生見生 五旺見旺

此局三碧四綠為殺而受制于乾兑之金則殺不自由不能為患此局大為生氣方而投之碧木為生祿見生化殺為恩吉凶如信

上元三碧震局

在水之東則為三碧震局一白為生氣則震宅為奇元神大吉兌為煞方五黃生之六白為煞則艮坎生俱吉亦修宅皆可以制化之

二 財星來	七 赤兒來	九 陰兒 陰
一 生氣 大吉	三	五 財兒 陰
六 白星之生	八 財星財	四 四兒來

此局如向西作震宅宅之局向不另看水作兌宅吉兼七赤之生局看宅剋局者作坎宅吉作一白局看宅之生局吉作離宅吉兼凡此之局看震局生宅吉

中元四綠巽局

西北方水為四綠巽局五黃到乾即來六白來臨其位七赤來投艮土為受生大凶不可犯三碧到巽為旺臨旺位大發到坎為水火既濟上吉一白八白次之

一生見煞　六煞見旺　五財見煞
八財見生　四　九煞見煞
三旺見旺　二煞　七煞見生凶

此局向西北作巽宅宅方局同不忌若東南作乾宅當兼六白局看宅封平平作坤宅當兼二黑局看作艮宅當兼八白局看為局封宅平平

中元五黃靜局

四面有水或四面街巷或四面溝田則以中宮五黃局作何宅看何 非
局看看其擺踈其八面近水則兼八局看或遠水近諸方水遠
者專以近水為論或諸方水小一方水大者則就水大一方論此乃
看地分局之要也

四杀	九生氣	二旺
三杀	五	七洩
八旺	一財	六洩

此水近在南邊則為坎局近北邊則為離局
近乾坤艮巽水則為乾坤艮巽之局街路低田
看亦然宅周擬照作看隨時變通耳

中元六白乾局

東南有水為六白乾局九紫之救方一白臨之為生來救為衰水當臨艮艮為生氣必生土土生金為此來破之年作為鬼不旺矣八白到兌為生氣七赤到乾為旺宜作門則吉四綠到震為財臨旺也吉三碧到坤為傷生氣耳

三 財見 財	八 生氣 見殺	七 旺
一 官星殺見 財	六	二 生見 財
五 財見 財	四 財見 財	九 殺 案見

此局水向東南作乾宅不必分看如作巽宅亦兼四綠局看為局魁宅耳作艮宅亦兼八白局看作坤宅兼二黑局看俱為宅生局吉也

下元七赤兑局

在水之西則出七赤兑局之星雖凶有此不生之凶可作凶出吉大忌不
到殺入本宮去殺之福居財臨生地八白六白助吉作本了

六旺	二生 生見	四財 財見
五衰 生見	七	九財 衰見
一衰 減見	三生 財見	八減 生見

此局出向東作兑宅不易看出向西
作震宅看此出局魁宅出作離宅
則出宅魁局作坎宅則出一白宅看
向生宅去

下元八白艮局

西南有水則為下元艮局三碧在四綠俱為衰三碧到震二方為本局之生氣未生不為生也然衰為囚是吉四綠到坎為衰臨生地其衰臨亦加信九紫到乾吉六白到震衰到巽俱以制衰去黃星臨旺地而不吉斷也

七財衰見	三殺衰見	五旺
六財衰見	八	一生財見
二旺	四生衰見	九財生見

此局如向西來作艮宅不弟看作坤宅凶

蓋二黑為衰局宅無旺吉作乾宅吉兼

六白看局生宅吉作巽宅宅兌局衰之

下元九紫壽局

在水三本則為九紫壽局四綠到山為生氣守本宮之神大吉

三碧在到艮為吉六白到坤為財救生地吉一白到乾為本救生地

大凶七赤到震為財傷生氣乎

八 陰見 來	四 生氣 大吉	六 財見 生
七 財見 財	九	二 陰見 陰
三 生見 財	五 陰見 財	一 本見 生

二

此局以南北作壽宅之局以水大旺済

吉作震宅之生局吉作兌宅局耗兌宅乎

陽宅得一訣

如坎宅屬水忌火土是五[土]向八[土]向二[土]向九[火]向喜一[水]向三[木]四[木]向六[金]七[金]向也
或一宅五運為宅尅向不吉或三運六運則吉必要法即將元運星
星入中佈九宮得一三四六七方宜安床若二星方安床主多病五
主耗財少人丁若病多蠱逆疾八主小口難產多生外症再將年星入中
若遇伏反二吟斷其吉凶定年應矣坎宅在此運屬水忌火土火土
即二五八九運數亦忌假如第一運屬水二土三木四水五土餘倣此一二
三四六向數同前則算將運星入中佈九宮以一運五向從左首第
一向起一白第二向二黑坤三震四巽五黃土再將流年入中
又如下元甲子七赤即將七赤挨於左首第一向第二向八白餘倣此

應驗法

巽風吹入從高宮貪淫女子隨人走長房寅申交始掛樑病下元寅巳亦姑見戌水清寅午戌之方三合火局有火穴井在旺方為水文筆忌在寅午戌方名煞謹防火燭水從高乾來者為大火過長房遇有血病巽是先天兌方以天兌方清水小房出有病若築墻出啞子難產以天兌方有曲之水上元旺下元出壞腳在小房艮先天震乃佳長之房亦出水清出人打墻築數有喉病難產午房有對姑有眼疾

驗

六運艮山坤向坤水池震巽水池又小水清巽者財退長之房瘋死

四在 四在中逆六在坤矣 六入中坤上三踫石二 二在中逆六在坤亦矣 六運巳

山亥向兑乾水六在兑七在乾

六運初葬乙辛兼巳亥向兑水去六到兑葬下卯發

二運巳山亥向兑乾壬水

四運甲山庚向乾兑水坎方堆二墩四五發六敗 若杜玉妹在筆削

三運癸山丁向離艮兑乾巽水三四五六皆發七八中離巽水入運

小房發 裕璞祖坟在軍峰山

先天卦圖

乾☰ 兌☱ 巽☴ 離☲ 坎☵ 震☳ 艮☶ 坤☷

乾首馬 坤腹牛 震足龍 巽股雞 坎耳豕 離目雉 艮手狗 兌口羊

乾父 坤母 震長男 坎中男 艮少男 巽長女 離中女 兌少女

子午卯酉辛丁癸淨陰 乾坤艮巽寅

甲己亥淨陽 甲丙庚壬單陽 辰戌丑未單陰

向上之星得生旺為要故曰向首一星災福柄向上無水不為兇或有水聚水者或水光者或合三叉者此謂之玄關又謂之城門此處亦可不以合星剋之故地之吉凶全在此分之生入剋入生出剋出大約挨生旺之氣則向水上謂之生入挨衰死之氣則向水上即謂之剋出山向乃穴之坐主腦吉凶從此而出陰陽順逆從此而起當元者為旺未來者為生方去者為衰過去已久者為死陽水陰山相配合者將生旺之氣裝在水上衰死之氣挨在山上總在作者互相關涉品配為用水得陽山得陰水得陰此其配合也即山上龍神在山水裡龍神在水此謂陰山陽水雌雄配合看眼也主張即之心正運之一卦山情水意即山水為得其宜配合即天心自

然之配合言雌雄配合表下山上星辰与水裡龍神上九二八三七四六會合也一六二七三八四九在其可從此論其得失

東西下山水父母下玄空三般卦下元三卦山得此之卦水得此之卦自然合局

水法渙散達茫之處五星混雜出脈未見多明顯名之曰破軍而不入龍格只取龍一路出身之脈其脈又為水土金三星合會臣武為吉三星表現形局之星非卦文方位之合會臣武也指龍出主人命出賓出主安又云夫婦家指陰陽之对待山水之交構牝牡之闔相通皆在此

城門一訣與龍身出脈正是一家貴因山情水意即是城門一訣即

是收山出煞用一卦法所謂龍到頭者此也所謂賓主雌雄者此也凡九山之
水可以不論山而水之山不能不論水山水相兼之地未可但從山就而論大
五秘訣不過能用一卦即從此卦流轉九星
血脈者水城也現血脈之所自來即知龍之所自來矣
三叉即城門即察血脈以認來龍也知三叉之在何方則知來龍何脈
山上龍神以山為龍者也專以山之陰陽五行推順逆生死水裡龍神
專以水之陰陽五行推順逆生死
衆水雖聚水一水處機之所不衆獨異微茫脈忽太極之甘甚此是主
竅名曰化氣雌雄對待水山分形兜收湊曲止處是也直而去碎
死氣須明龍之衰旺先看城門

而現紫白原本取九星相宅鬆旺查求即旺九星生氣宜尋四綠到山為何方而設非為相宅而設其言頗為近理困揭其要曰

四一同宮准發科名之顯　註一白是官星四綠是文昌如坎宅一白入中宮流年遇四綠到宮或坎宅艮方是四綠流年遇一白到艮又如巽宅四綠入中流年遇一白到中宮或巽宅坤方是一白流年遇四綠到坤之類

九七共遇常遭回祿之災　註九紫是火七赤是先天火數故主火災

二五交加而損主亦且重病　註二黑是病符五黃是廉貞故主死疾但曰五主子婦受災黃五遇黑二時出寡婦二主宅母多病黑逢黃至出鰥夫

三七疊臨而盜劫更見官災　註三碧是蚩尤星七赤是破軍星故主盜劫

九紫雖司喜氣然六會九而長房血之症七九之會尤凶　火尅金也

四綠固是文昌然八會四而小口殞損二四之逢更惡木剋兌土也

八逢九紫曜須知婚喜重來六遇輔白星可以尊榮顯貴功開求嗣續

維在生神加紫白至論帑藏尤宜旺氣係飛星是故二黑入乾逢八白而財源大進遇九紫而螽斯蟄蟄此指坎宅乾方或乾宅中宮言之

三碧臨庚會一白庚猶兌也則丁口頻添交二黑則青蚨闐闐此指坎宅兌方或兌宅中宮言之卦于乾位屬金

九星二黑為土此歸星宮之者入三層則木兼尅兌土而財少入兌宮則星到生宮而人興再逢九紫臨火生土之年始為得運而財丁並茂兼主科名係微此此指坎宅言之

圖於四綠屬金洩重則四綠為木此乃圖剋兌者之象必入兌方則文昌破體而出孤〻入坤方則土重埋金而出寡婦若以一層居坎震之鄉始為得令氣而科甲傳名亦增丁口此指向數言之層數倣此若交運旺者宗木印旺九星

生處立向尋割煞不以化煞局山旺氣龍之也兌宅七赤入中宮遇其年九紫到中宮為煞則修動八白所到之方是為催吉生旺或修動八白之方以助七赤之旺是為旺地旺之修術也推而行之一宅而通八宅神而明之九星專用一星擋避此篇紫白九星所論年飛到者以不生宅大星較生尅非比六十年推換一星主死活也況陽宅係生者所居得之最速斧斤一動吉凶隨之

山上排龍　貪巨祿文廉武破弼輔　兌震　坤坎

水裏排龍　輔武破廉貪巨祿文弼　巽艮　離乾

陰陽向訣

壬癸丙乾丁巽子卯未巳戌申屬陽丑寅辰午酉甲乙庚辛亥坤為陰

羅盤陰陽

壬子癸寅甲乙辰午坤申戌乾陽丑艮卯巽巳丙丁未庚壬辛亥陰

尋龍易得點穴難一錯些隔萬重山九一要合向二合水二合三吉

位立向陰陽揔得準何愁代代不成名陰若無陽它不生陽

若無陰亦不成陽水陰水山相配合兒孫下府早登名若陽無水

不納堂向若一旦生災禍柄來去二口卜死生门

第一星貪　第二星巨

艮　樞　璇　巽

第三星祿　乾　璣

第四星文

离　權

第五星廉　震　衡

第六星武　兌　闓陽

第七星破　搖光

第八星輔　坎

坤　乙戊

第九星　枯搖　午

其性貼䠷

其性符離

星之所臨氣之所鍾上感下應化機周流

品彙方有調和二儀

山用順向亦用逆蔣註已明亦用逆

兩星仍用順蔣註未備此青囊秘訣且

青囊捷法也上元山用一二三順水用九八七

逆而成也九八七本是一二三之星故云星俱用順

一運甲庚丑未癸子辰　二運辰戌　三運壬丙丑未辰

四運丙壬乙辛亥丑乾向　五運寅申庚丑酉巽丙　六運丑未

七運巽乾甲庚　八運壬丙辰戌癸子乙卯　九運丙壬艮坤戌

此皆山向之星交戰主傷丁敗財凶

寅申午酉艮乙丁

假如下元甲子甲戌二十年造午向以七入中挨至年是二乃午字变坤字了再将二入中順挨三在乾此方有龍為得令四在兑此處有水為不令以四爲龍位也五在艮此處亦作五十看六在離七在坎此處有水大妙何也令四吉水也為作酉向以七入中挨至兑是九將九之中卦逆挨入中逆挨八在乾七在兑其乾高謂之伏吟方何也兩坎飛至其處擬是八也此方在得時得令反統為福一過时令必致禍至死于非命為此艮卦犯之傷少男偏做此

八運

甲庚兼甲寅

辰戌兼乾巽

丙壬兼巳亥

庚甲兼酉卯

卯酉兼庚甲

巳亥兼丙壬

申寅兼庚申

九運

丑未兼癸丁

丙壬兼巳亥

未丑兼艮坤

辛乙兼戌辰

辰戌兼辛乙

午子兼丙壬

申寅兼庚申

乾巽兼戌辰

先天卦配何圖之象圖之左方陽內陰外即先天震离兑乾陽長而陰消也右方陰內陽外即先天巽坎艮坤陰長而陽消也以象二氣之交運也

後天卦配河圖之象圖

一六爲水居北後天坎位也三八爲木居東後天震位也四七爲金居西後天乾兑之位也五十爲土居中即後天之坤艮周流四季偏旺于丑未之交也以象五行之順布也

逆　　旦

九八七六四三二一

乾震坎艮巽離兌坤

先天卦配洛書之數圖

直列洛书九數而其中五以配八卦陽上陰下故九為乾一為坤自九而逆數之震八坎七艮六乾生三陽也自一而順數之巽二離三兌四坤五生三陰也以八數與八卦相配而先天之位定矣

九八七六四三二一

乾震坎艮巽離兌坤

先天卦配洛書

後天卦配洛書之數圖

九八七六　四三二一

離艮兌乾　巽震坤坎

火上水下故九爲離一爲坎火生燥土八次九而爲艮燥土生金七次八而爲兌六爲乾水生濕土二次一而爲坤濕土生木三四次二而爲震四爲巽以八數爲八卦相配而後天之位定矣洛書晚出其理已具于河圖以易象推配無往而不合也

九八七六　四三二一

離艮兌乾　巽震坤坎

後天卦配洛書

陰山陽向面上要陽山陰向面前要山山靜屬陰水動屬陽又乾
坎艮震屬陽巽离坤兑屬陰陰父母卦中有父乱共成六十四卦父母卦
有六爻共成三百八十四爻
立向立何爻或初或中或上即知那運旺那運衰或早或遲房
分或長或仲或季陽爻六七八陰爻四三二六七八一為爻四三二九
為爻為陽卦順陰卦逆按六七八一為爻為三男从母四三二九為父母三女从父也
如乾初爻天風姤六五四三二一
一一一一二坤初爻地雷復六五四三二一
八八八八八白
下至上再以卦運配之無有不驗

陽順爻　六五四三二一
、、、、、、

陰逆爻　一二三四五六
八八八八八八

天 子午卯酉乾坤艮巽為父母卦

地 辰戌丑未甲庚壬丙為逆子卦

人 寅申巳亥乙辛丁癸為順子卦

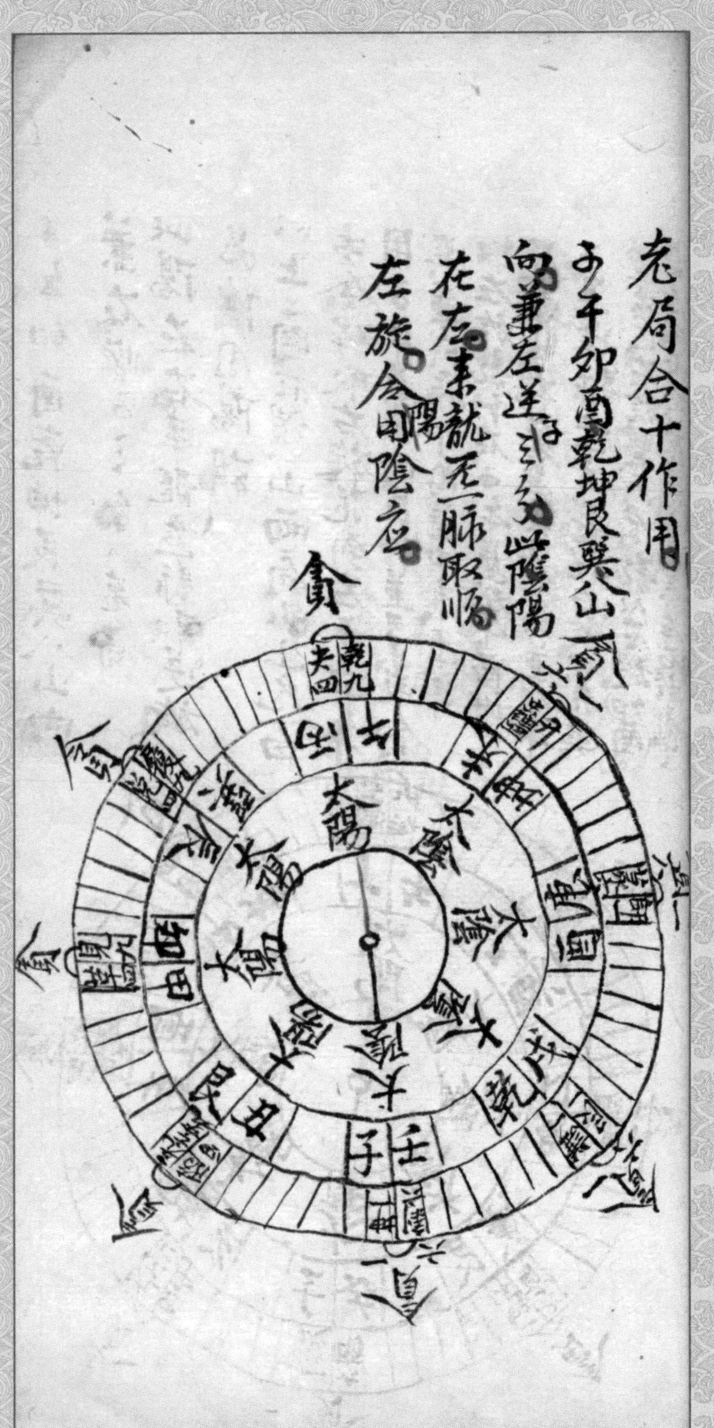
老局合十作用
子午卯酉乾坤艮巽山
向兼左送子至三元此陰陽
在左來龍無一脈取順
左旋合陽用陰座

子午卯酉乾坤艮巽八山向

兼右順子三分　兑局

此陽在右來龍逆脈取逆旋

為陰用陽朝

以上三圖所謂一山兩向必上元百

壬會辛年取右旋龍到左手上十年

用子午兼壬丙艮坤兼丑未乾貪

巽兼戌辰卯酉兼甲庚手十年

取左旋龍到右子午兼癸丁艮坤

兼寅申乾巽兼亥巳卯酉兼乙辛

二星運年二手上十年龍從右旋用乾巽

兼亥巳左旋兼戌辰龍從右旋卯酉

兼庚申右旋兼辛乙年子三局左右旋龍堂

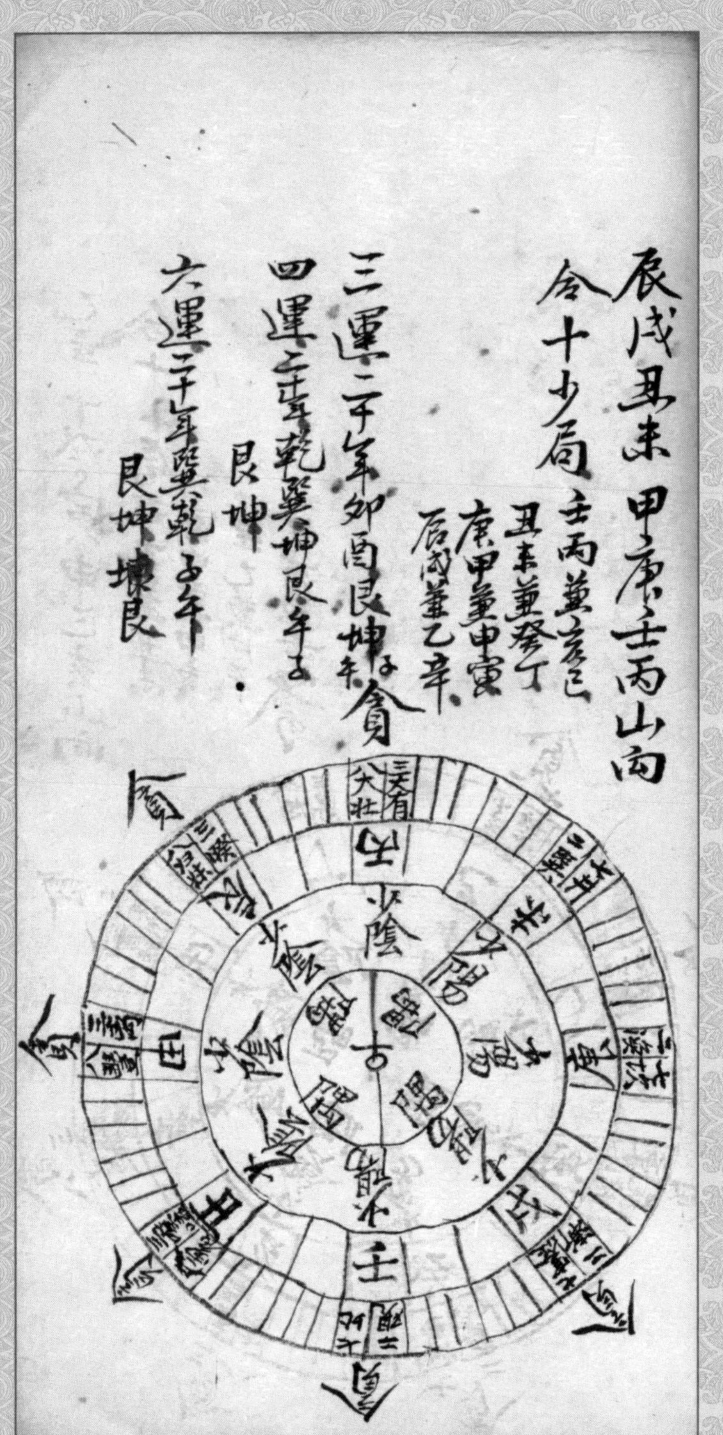

辰戌丑未 甲庚壬丙山向

合十少局 壬丙兼亥巳

丑未兼癸丁

庚甲兼申寅

辰戌兼乙辛

三運二十年卯酉艮坤午子 會

四運二十年乾巽坤艮午子

艮坤

六運二十年巽乾子午

艮坤坤艮

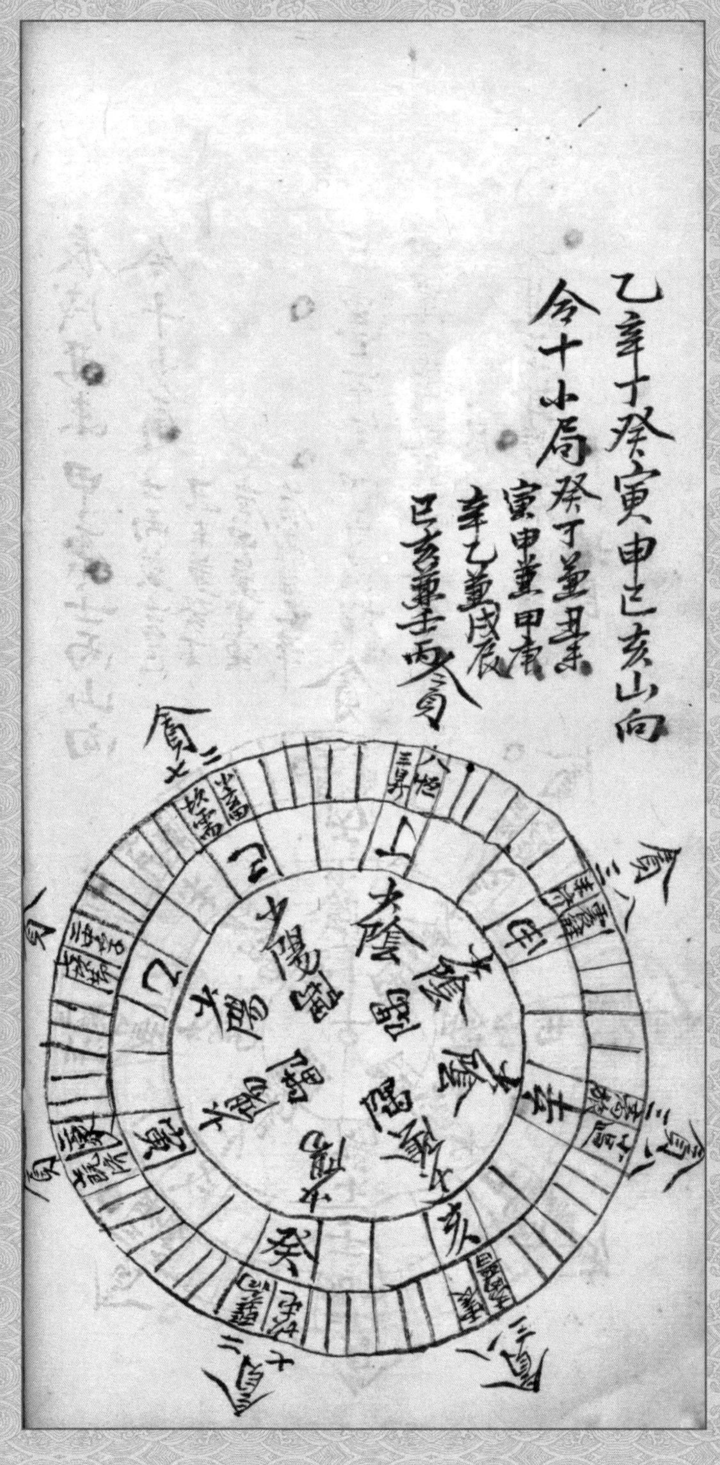
乙辛丁癸寅申巳亥山向
令十小局
癸丁兼丑未
寅申兼甲庚
辛乙兼戌辰
巳亥兼壬丙

照宅玉鏡

碧綠(木)加坤艮而病脾胃(土)，六七(金)遇紫(火)而肺傷，此之逢一白(水)而害目。碧綠(木)得二七(金)而病筋肋，二八(土)臨一白(水)而疾在腎，五黃遇碧(木)綠而病在肚腹。

陽宅心鏡

子疝氣，丑脾肝，寅背肱，卯目手，辰背胸，巳面齒，午心腹，未脾腳，申酉肝肺，戌背肺，亥肝腎。

一書全

甲肝乙膽丙小腸，丁心戊胃己脾鄉，庚是大腸辛是肺，壬是膀胱癸腎臟。火心金肺木從肝，脾胃從來戊己當，腎臟北方生癸水，相生相克卦中詳。甲頭乙項丙肩求，戊脇丁心己屬脾，庚係人臍辛是腹，壬

脛癸足可尋按

疾病論

坐䕺遇火炎之地血疾長災寅午戌年應土重金逢木旺之鄉脾傷定

論寅卯甲乙年應節節疼痛困木被金傷庚酉年應眼目昏花

以火連水克申子辰年應下元冷之疾淋水值土傷辰戌丑未年應

說卦傳

乾為馬坤為牛震為龍巽為雞坎為豕離為雉艮為狗兌為

羊遠取諸物乾為首坤為腹震為足巽為股坎為耳離為目艮為

手兌為口近取諸身

上元一二三子坤卯為父母卦將代曰卦之
父母為三吉中為三陽內有吉中之最吉陽
中之陽一白為第一又曰卦之子息為天秀
如壬未申為三秀癸申乙為三秀得成
六秀　凡上元天元卦山向挨星圖三
吉說取地盤子坤卯水取天盤子坤卯為
三陽水　坤壬乙巨門從頭出天地人三
卦也甲癸申貪狼一路行以補貪狼地
卦人卦共得三貪二巨
此上元三六卦乙巨宜送巨起貪乙巨富祿
癸文亥武辛破申輔丁弼寅起貪謀破巳起
貪送坤午起貪壬戌起貪乙巳起貪
甲自起貪癸自起貪申自起貪為上元一二三天地人三卦

上元子癸甲申共四貪壬卯乙未坤五巨子癸甲申
自起貪壬戌起貪得巨卯辰起貪送乙巨起貪得巨
送未辰起貪得巨送坤午起貪得巨上元三三三卦共
九山

上元一運天元卦子山午向五入中 逆佈
山屬陽向屬陰 旧山宜高陰向宜低藏
蓄来小案面朝拱

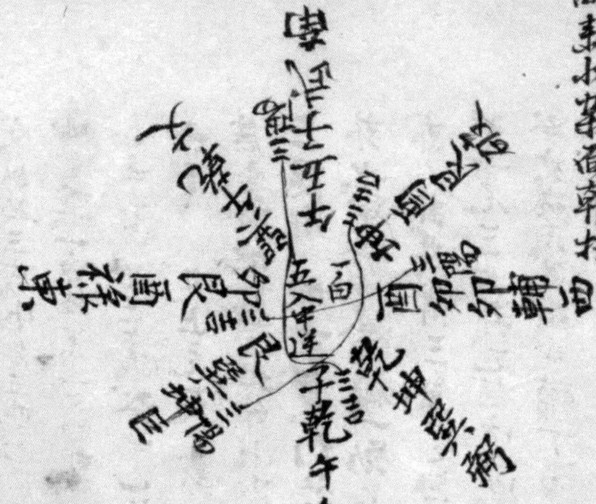

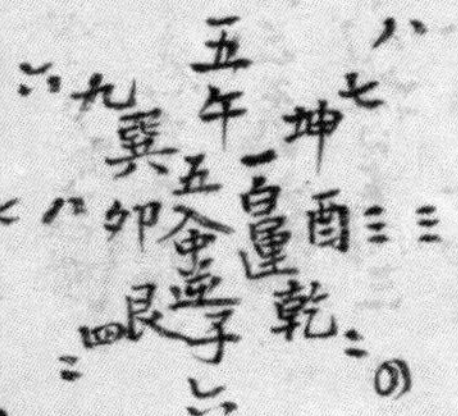

乾山巽向兼亥巳九入中逆天元 含亥乾誤

午上貪係九入中恰居中五上貪也

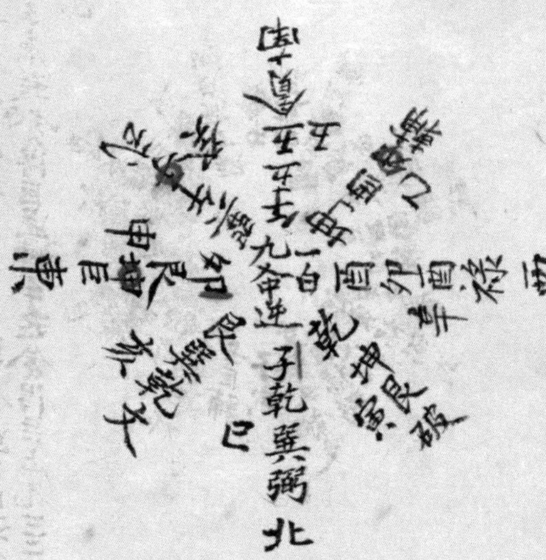

乾躔子坤躔〻乾艮躔〻卯巽躔〻艮俱屬陽作生山子午卯酉俱屬陰為向乾坤艮
震作生山丙〻午酉酉為向挨星者廷佈寶照云午子卯酉四山龍支兼干出最崇
雄乙辛丁癸單行脈半吉〻時又年凶生對乾坤艮巽依兼輔而成五吉龍又云子
癸午丁〻元宮卯乙酉辛〻一勢同若有山水一同到半穴乾坤艮巽宮取得輔
星成五吉山中有此是真〻龍又云子午卯酉四山龍生對乾坤艮巽宮莫依
八卦陰陽兩陰陽若錯收〻宮顛百二十家漸〻訣此訣元機太祖宗乾坤艮
巽天龍穴水來去面是真〻龍要識真〻龍陸真〻穴只乾龍脈雪三節〻節不
乳是真龍艮穴定然喜時逢依圖去向若然〻葉華富貴〻〻休歇
此言一白運下〻元卦

艮坤兼寅申七大半逆天元

卯山酉向兼乙辛三大半逆天元

丙辰丙甲辰庚陽見陽庚辰未丙辰辰戌陰見陽壬上見戌是戌陰丑辰申陽見陰

辰在丑未在戌陰見陰陽見陽宜坐山陽見陰宜作向可例排文出養龍神富貴

萬餘年去若用倒騎龍法作坐山亦可寶照云辰戌丑未地元龍乾坤艮巽天

妻宗此辰戌丑未宜兼乾坤艮巽甲庚壬丙亦已向縣取貪狼護己龍辰戌

丑未四山收甲庚壬丙葬坟多若用此理無差誤清貴声名天下無出官

自古起身路兒孫白屋出登科八卦不是真妙訣時師休把口弄致錯只

因用動錯丙兒依卦出高官陰山陽水皆真去下後兒孫福百端水若朝

來次得水莫貪遠來好當求富龍若依圖訣莫虛戕葉華去可攬云

上元七白運地卦可甲庚壬丙易為業下後兒孫出神童

上元一白運地卦可

寅申巳亥人元來乙辛丁癸水來催更兼貪狼成五吉寅坤申艮御門開巳丙
宜向天門上亥壬向得巽風吹此言運盤巳亥身下山向壬兼地元用運盤
寅申身下山向要兼父母用寅申巳亥騎龍走乙辛丁癸水交流若有此山兼
此水白屋科名發不休昔日孫鍾扦此穴從此声名表萬秋色照云芒三飛蕭
何辭借祖乙辛丁癸是財星亥壬是陰真祿秋巳丙明細一般同寅申巳
亥等五去乙辛丁癸四位通紫微畫錦作榮歸三姓五縣受王封龍回
朝祖之穴水科名榜眼及神童發後空已見前篇謹穴要高錯脈剖
宜識肴州衙乃壬向耶個中非着風來龍砂擁水繞為上格羅城擁衛
穴居中依圖丙向兼壬居溪不是王侯即相公
上元一白運人元卦

上元甲子一運地元卦丙山壬兼子午

六入中逆凡地元山向挨星宜取地盤壬未甲

未龍取天盤壬未甲未中六入中破貪在戌誤

辰山戌向兼巽乾二入中文地元

卦貪在辰誤

一運未山丑向兼坤艮四入中逆中得巨

一運四入中逆巨

庚甲未文

戌未艮貪

壬戌丑弼

丑辰乙輔

甲丑戊破

[illegible]

庚山甲向兼酉卯八入中逆中得弼

一運八入中逆弼

庚甲戌破

戌未辰武

壬戌甲貪

丑辰乙廉

甲丑壬輔

[illegible]

上元甲子一運人元卦癸丁兼子午
五入中逆　天玉云金枝玉葉四门
装金箱玉印藏凡人龍山向許宜
取地盤癸申乙水宜取天盤癸申乙

乙山辛向兼卯酉三入中逆人元卦

亥山巳向兼巽乾九入中逆中得卿元

九入中逆
癸亥巳輔

寅山申向兼艮坤七入中逆中得祿

七入中逆祿
癸亥申文

上元二運天元卦午山子向兼丁癸七入中逆

巽山乾向兼巳亥三入中逆輔入中天元

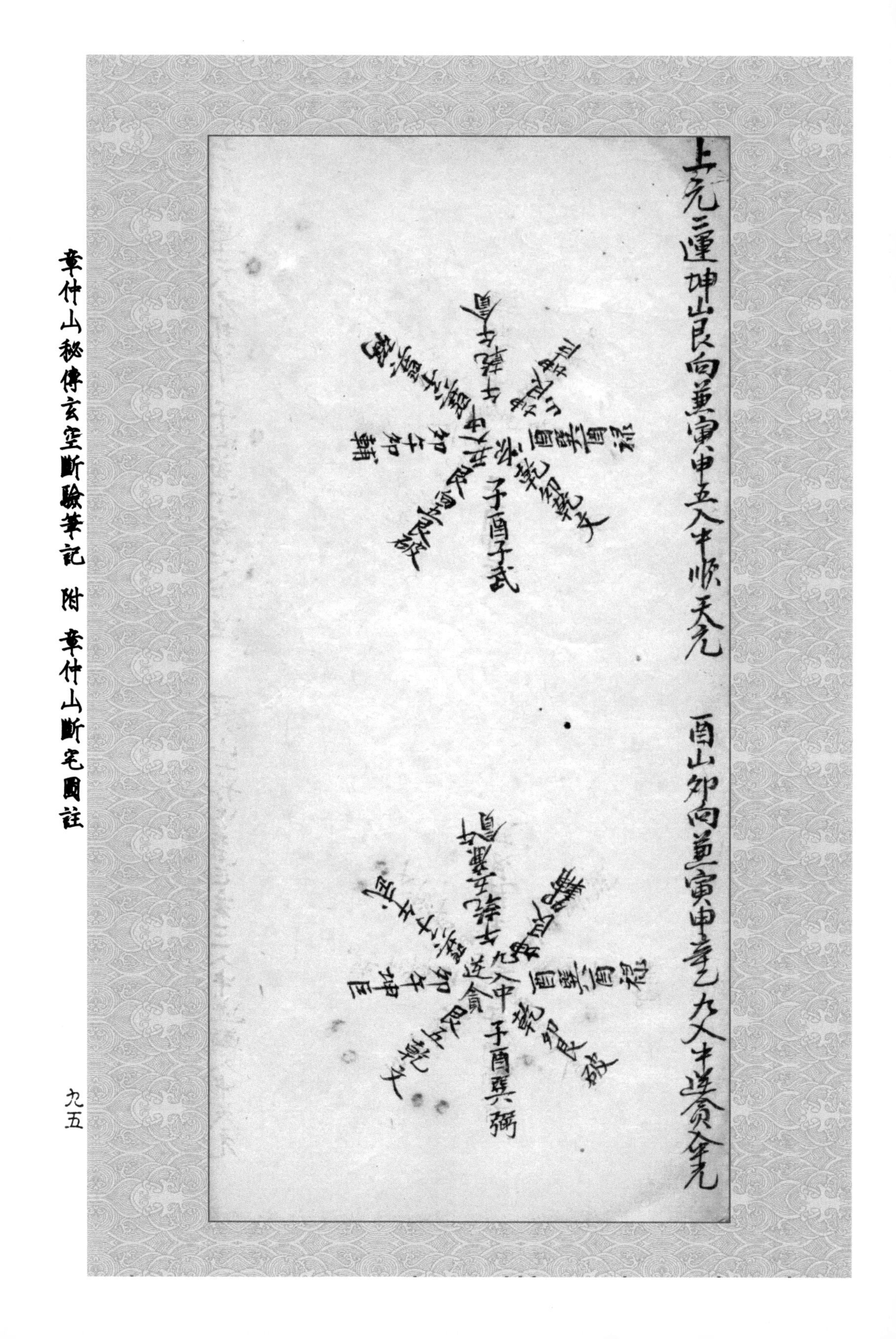

上元二運坤山艮向兼寅申五入中順天元

酉山卯向兼寅申辛乙九入中逆貪人元

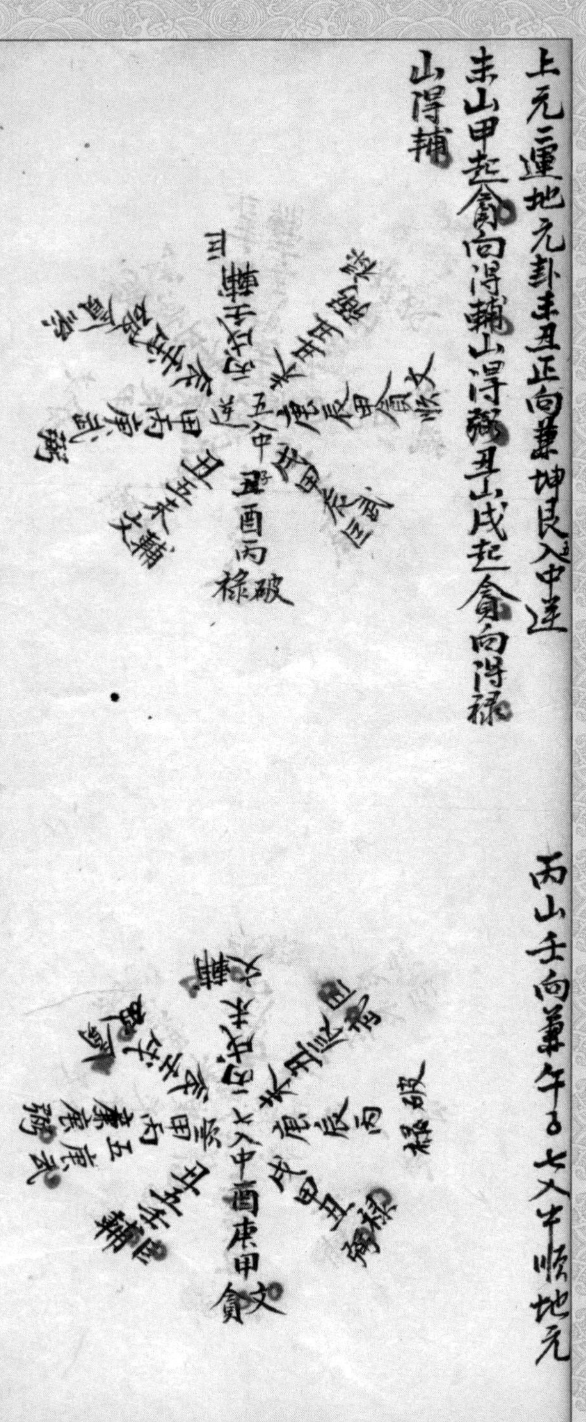

上元二運地元卦未丑正向兼坤艮入中逆

未山甲起貪向得輔山得破丑山戌起貪向得祿

山得輔

丙山壬向兼午子七入中順地元

戌山辰向兼乾巽六白入中順

壬入中輔　丟中巨

甲山庚向兼卯酉四入中逆

地元二運

上元二運人元卦寅山申向兼艮坤八入中順

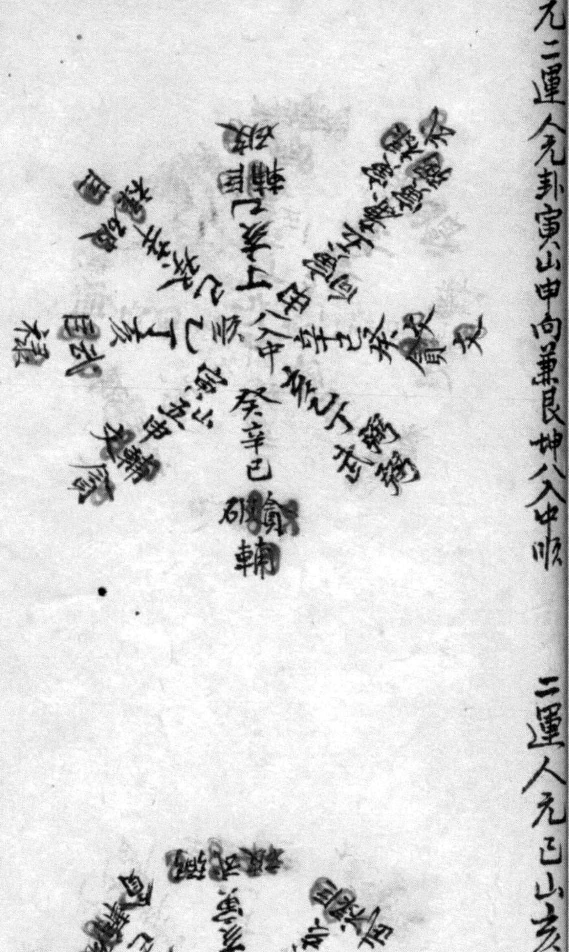

二運人元巳山亥向兼巽乾三入中逆

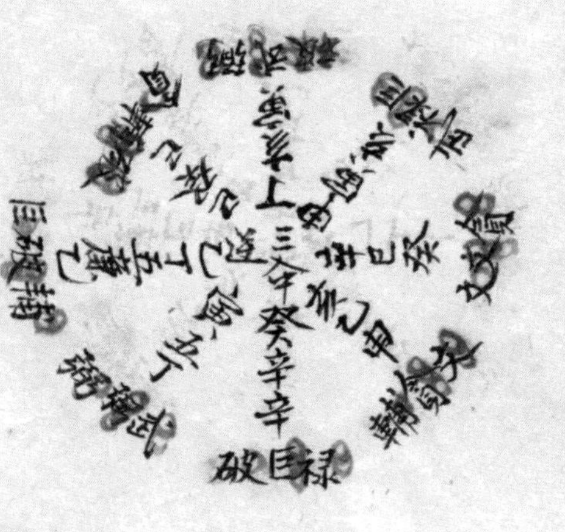

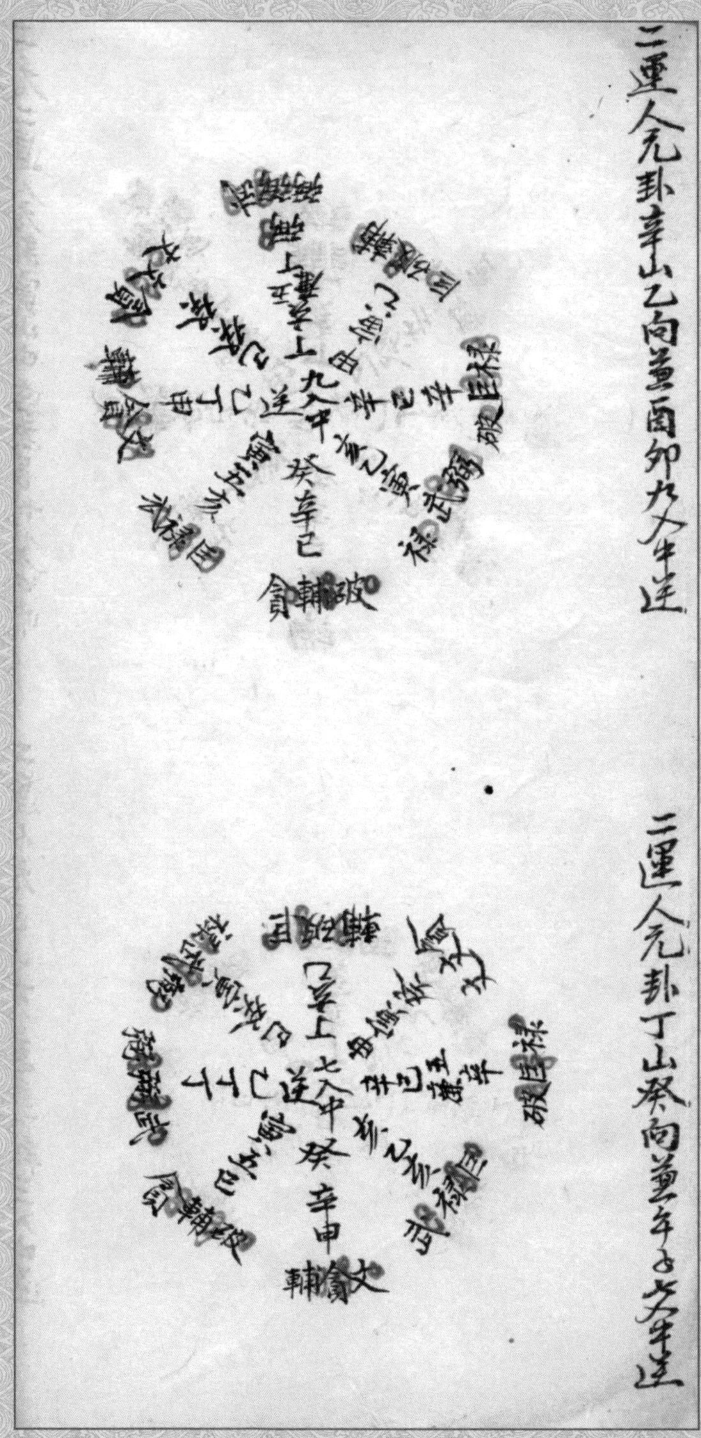
二運人元卦辛山乙向兼酉卯九入中逆
二運人元卦丁山癸向兼午子七入中逆

上元三運天元卦卯山酉向兼乙辛五入中逆

三運天元乾山巽向兼亥巳二入中順

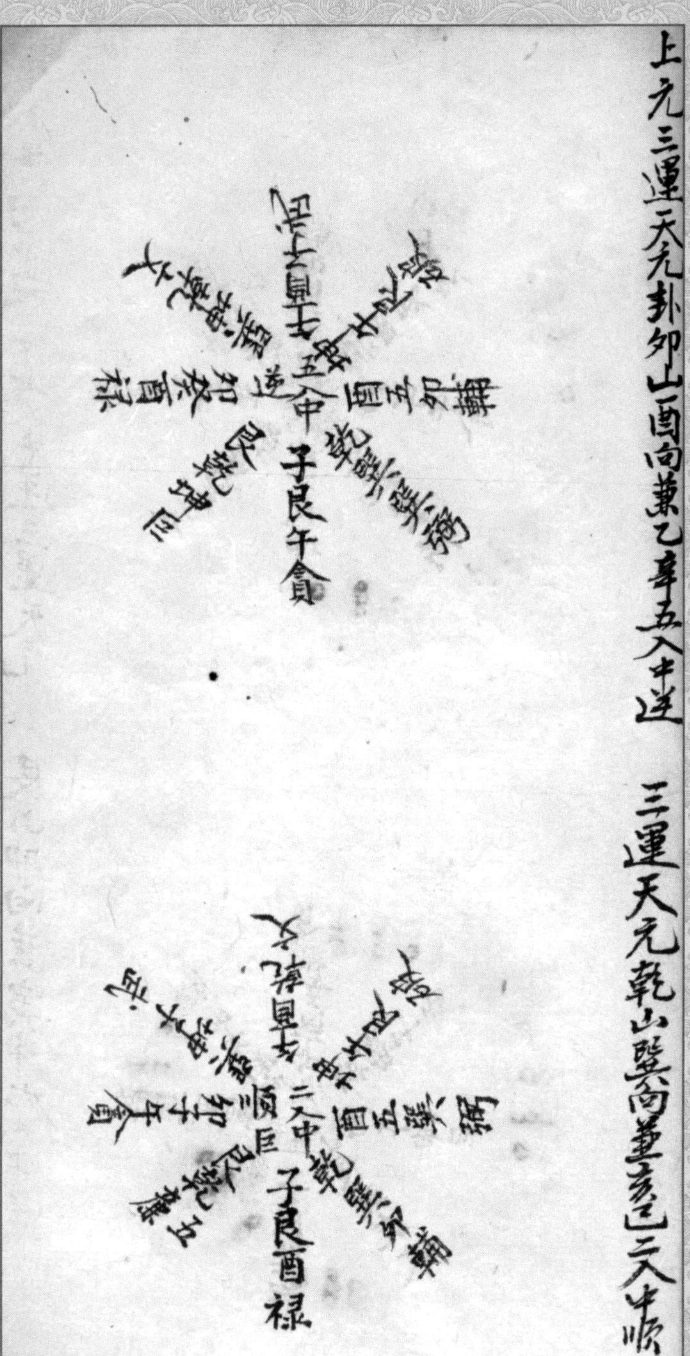

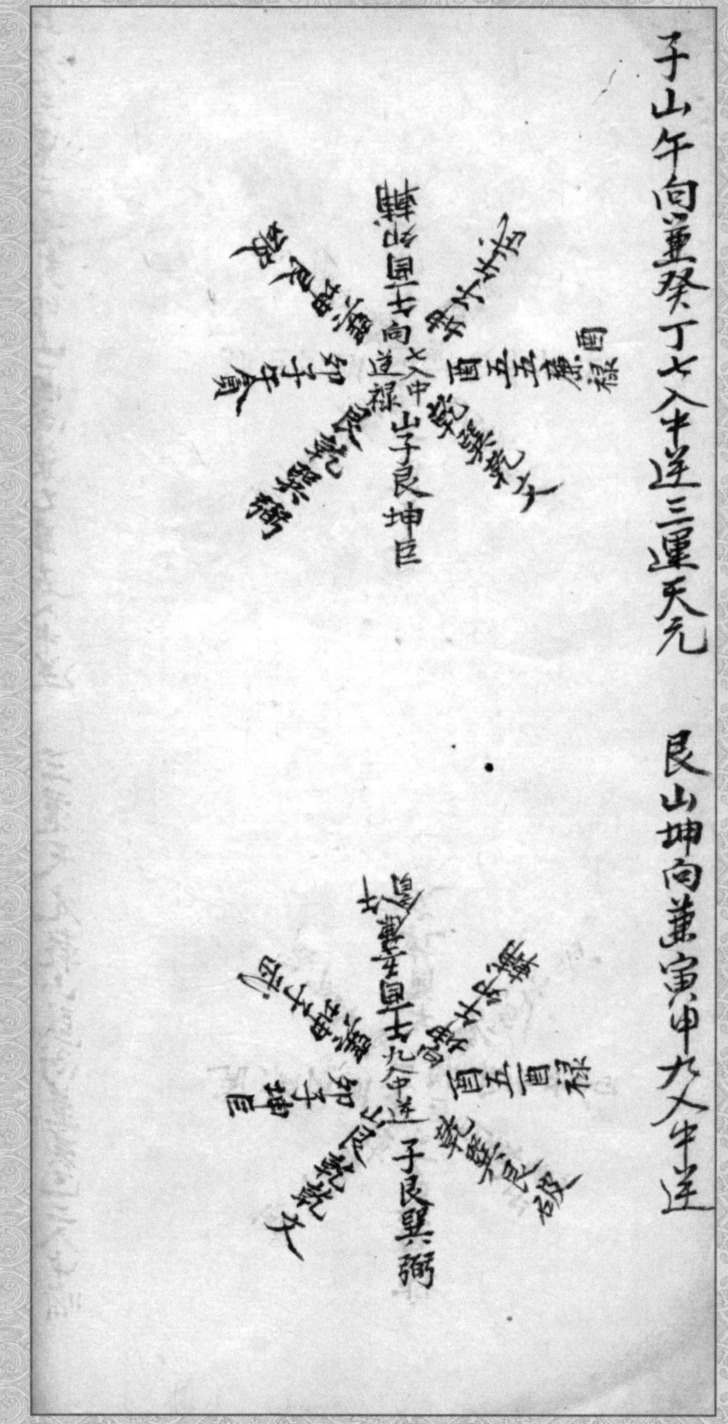
子山午向兼癸丁七入中逆三運天元
艮山坤向兼寅申九入中逆

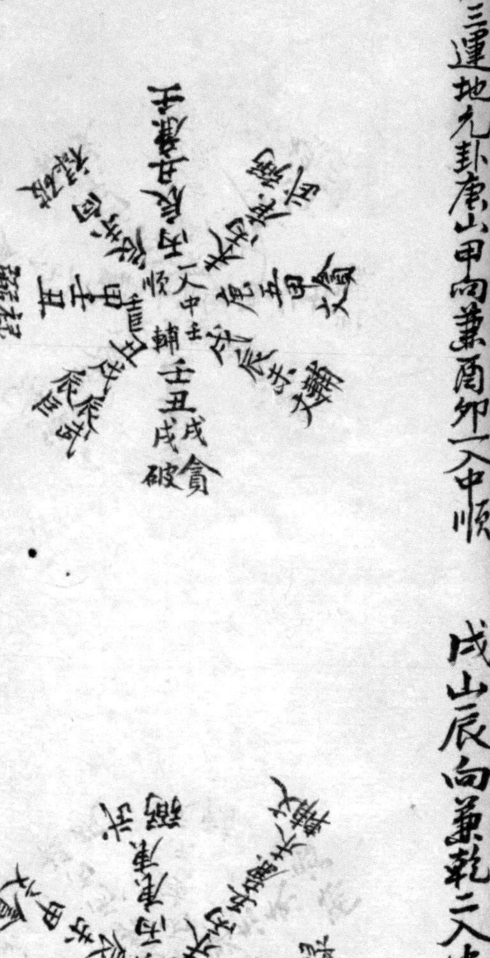
上元三運地元卦庚山甲向兼酉卯一入中順
戌山辰向兼乾巽二入中逆三運地元

丙山壬向兼午子八入中逆

上元三運地元未山丑向六入中逆

上元三運人兌卦乙山辛向兼卯酉五入中逆

上元三運人兌癸山丁向兼子午七入中逆

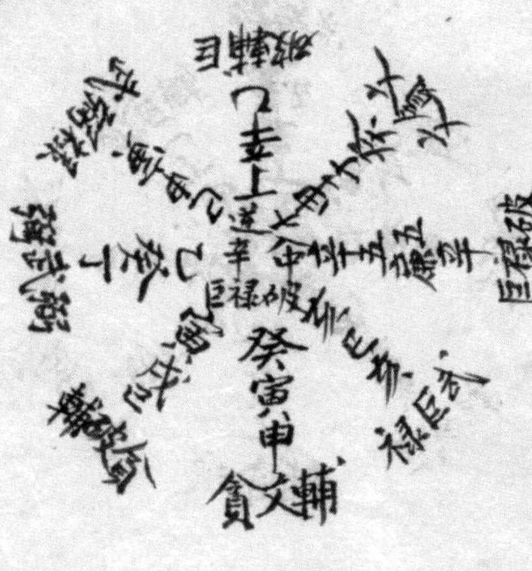

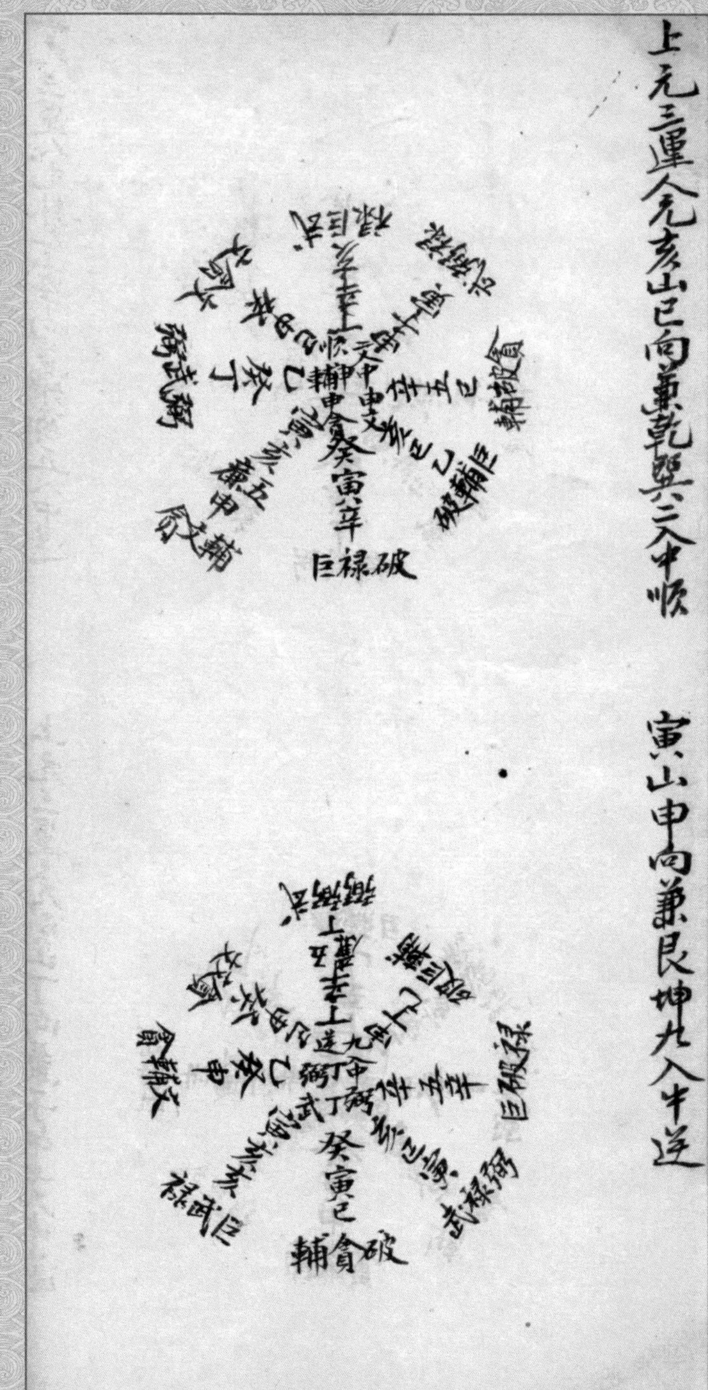
上元三運入元亥山巳向兼乾巽二入中順
寅山申向兼艮坤九入中逆

中元四五六巽五乾為三吉又為三陽五黃當
運之際則吉過去則凶被無子息運內也宿
玉經云東西二卦真奇異須知本向水本向本
水四神奇代代著緋衣吉中之吉陽中之陽
六白為第一四神者辰戌巳亥也
順逆挨排戌乾亥辰巽巳俱係武曲言巽其辰亥
西乾戌巳在巽中矣此中元巽乾挨星訣也

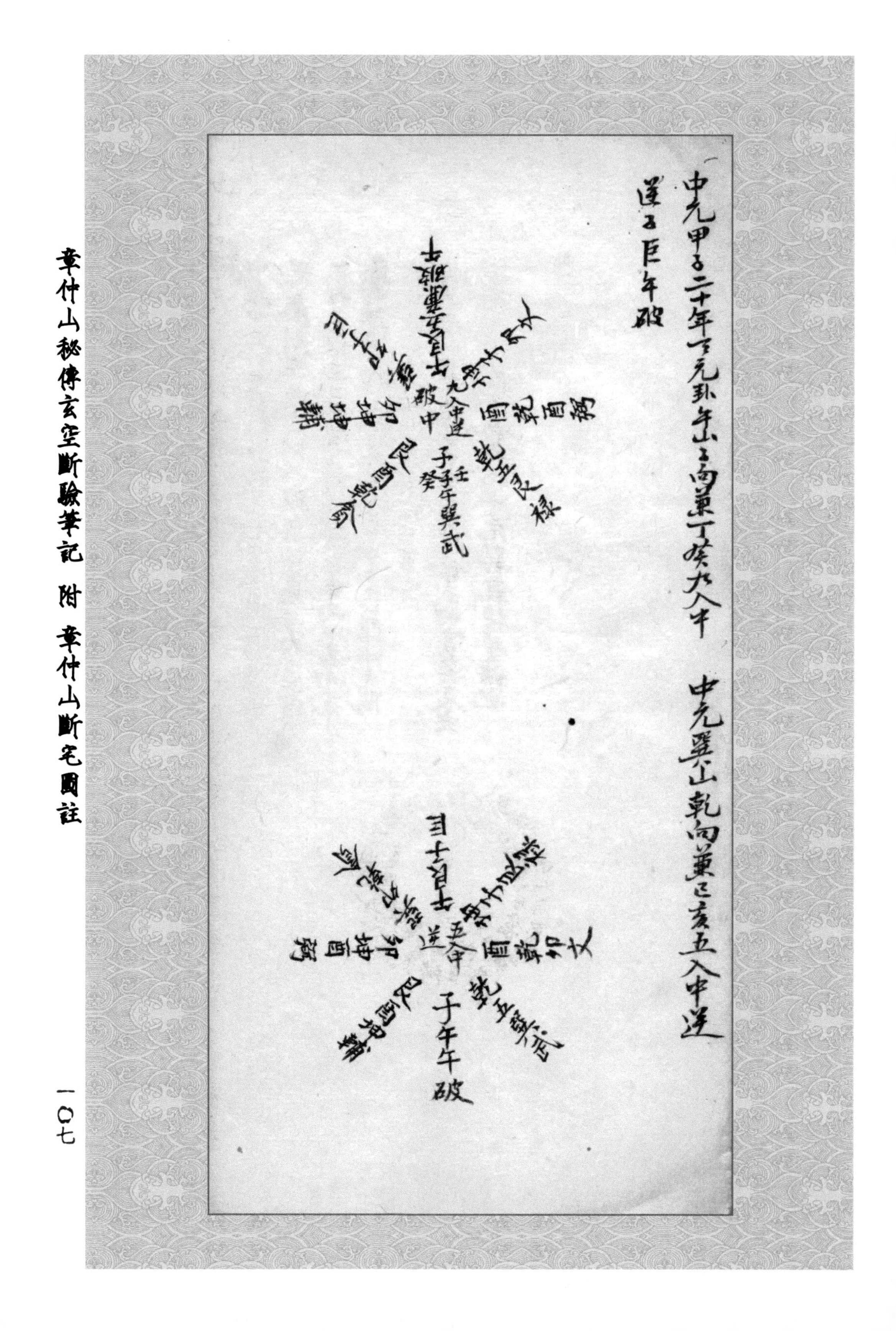

中元甲子二十年下元卦午山子向兼丁癸六入中逆子巨午破

中元巽山乾向兼巳亥五入中逆

中元四運天元卦坤山艮向兼申寅七入中逆

七入中逆

子午坤輔

卯坤午破

四運酉山卯向兼辛乙二入中順天元

二入中順

坤輔

子子酉弼

卯坤午破

中元四運地元卦辰山戌向兼巽乾五入中逆

四運地元卦壬山丙向兼子午八入中逆

四運庚山甲向兼酉卯二入中逆

四運地元卦未山丑向兼坤艮七入中順康

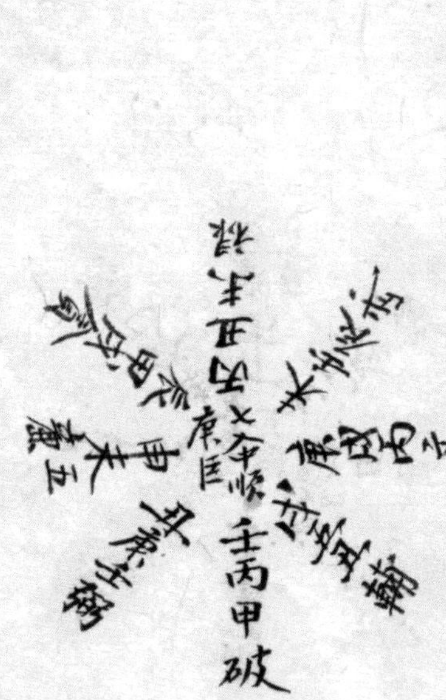

中元四運人元卦亥山巳向兼乾巽三八中逆

四運人元丁山癸向兼午子大八中逆丁

四運人元卦申山寅向兼坤艮七入中逆辛

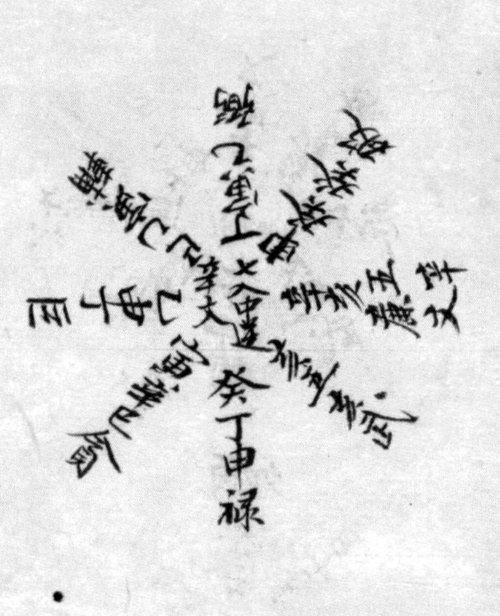

四運人元辛山乙向兼酉卯二入中順申

中元五運天元卦午山子向兼丁癸

子坤輔

艮巽武

卯午破

[illegible]

五運酉山卯向兼辛乙

九

子巽武

艮乾貪

卯坤輔

巽午巨

乾艮祿

[illegible]

五運坤山艮向兼申寅

五

子子巨

艮艮祿

卯卯文

乾乾貪

酉酉弼

[illegible]

五運天元乾山巽向兼亥巳分金

一
子五廉
卯卯文

中元五運地元卦壬山丙向兼子午

五運地元辰山戌向兼巽乾

五運地元甲山庚向兼卯酉

五運地元未山丑向兼坤艮

中元五運人元卦丁山癸向兼午子

五運辛山乙向兼卯酉人元

九

癸巳貪　亥寅輔　辛丑文　申乙弼　丁壬廉巨　巳戌破　乙甲祿　寅亥武

五運人元申山寅向兼坤艮

五

癸丁巨　戌巳貪　辛乙弼　申寅輔　丁癸破　巳亥武　乙辛文　寅申祿

中元五運人元亥山巳向兼乾巽

一

癸五廉　癸破　亥丁巨　辛寅輔　申乙弼　丁亥武　巳甲祿　乙乙弼　寅辛文

右五黃十二局上遇規例而已要看形局如何作用又二十年與下十年用法不同

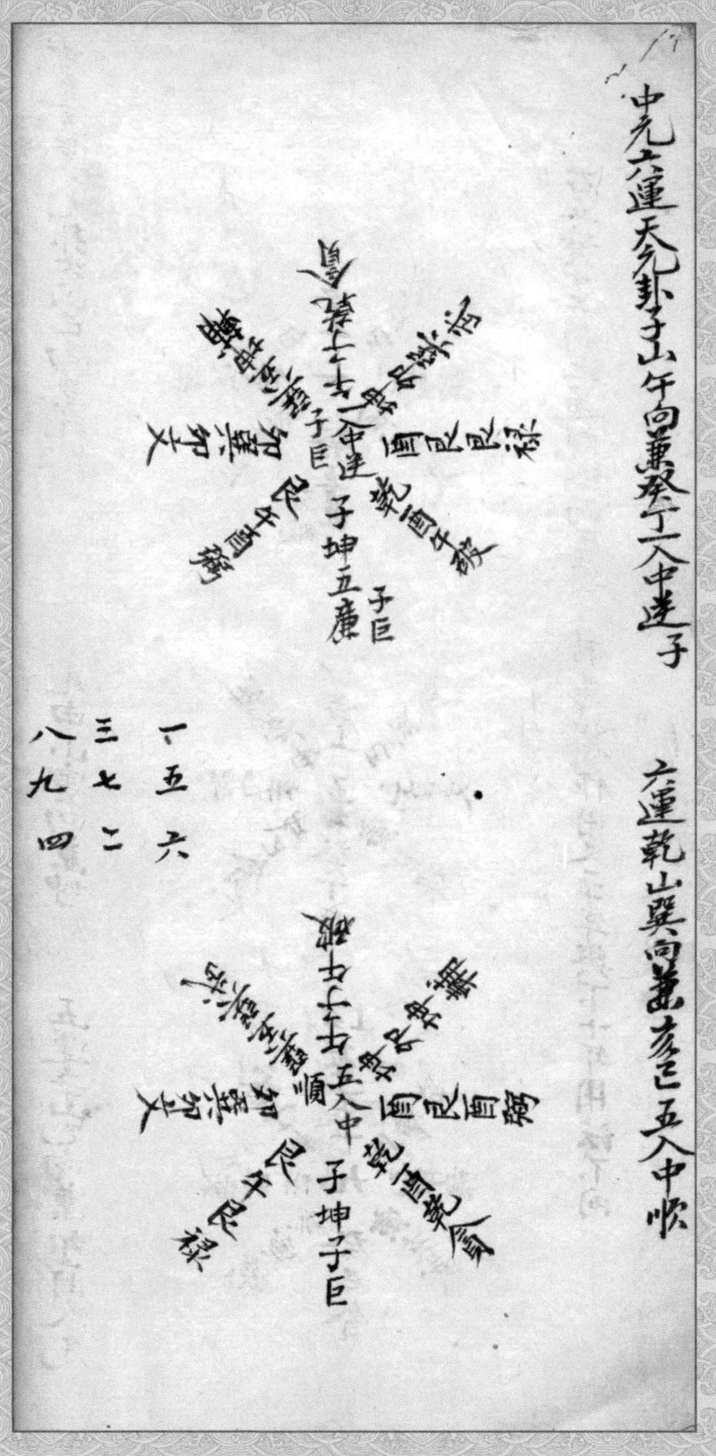
中元六運天元卦子山午向兼癸丁一入中逆子
六運乾山巽向兼亥巳五入中收
一　五　六
三　七　二
八　九　四

六運天元卦艮山坤向

兼寅申三入中逆

六運天元卯山酉向兼

乙辛八入中順艮

中元六運地元卦丙山壬向

兼[illegible]午壬二入中逆

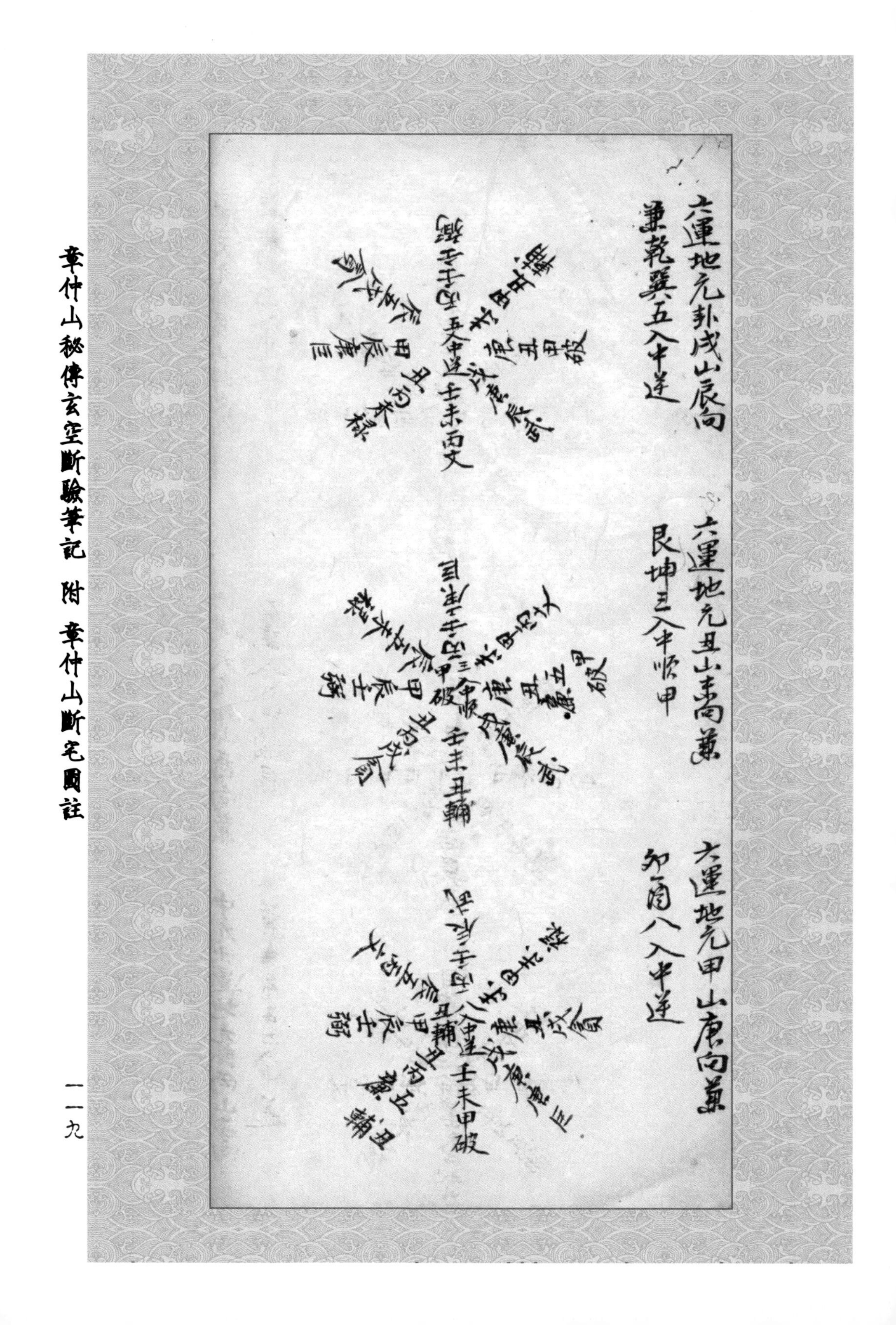

六運地元卦戌山辰向
兼乾巽五入中逆

六運地元丑山未向兼
艮坤五入中順甲

六運地元甲山庚向兼
卯酉八入中逆

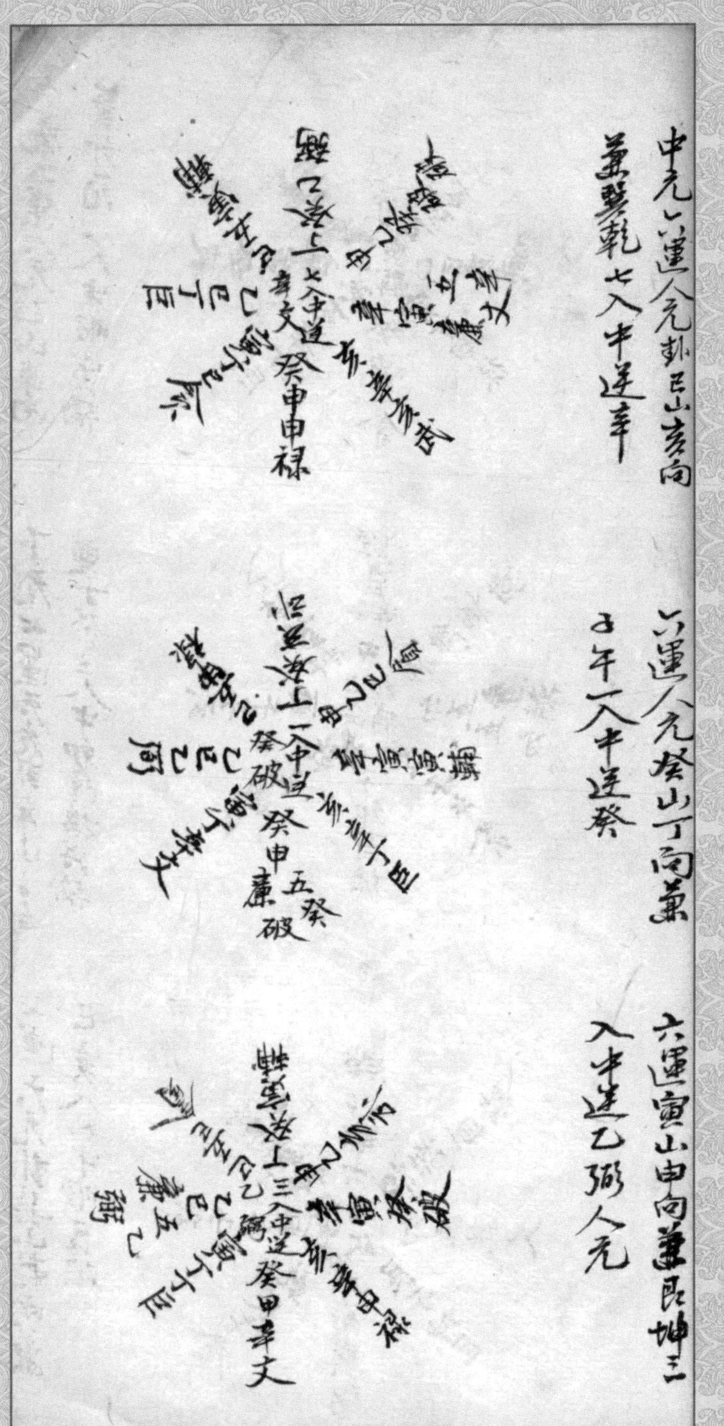

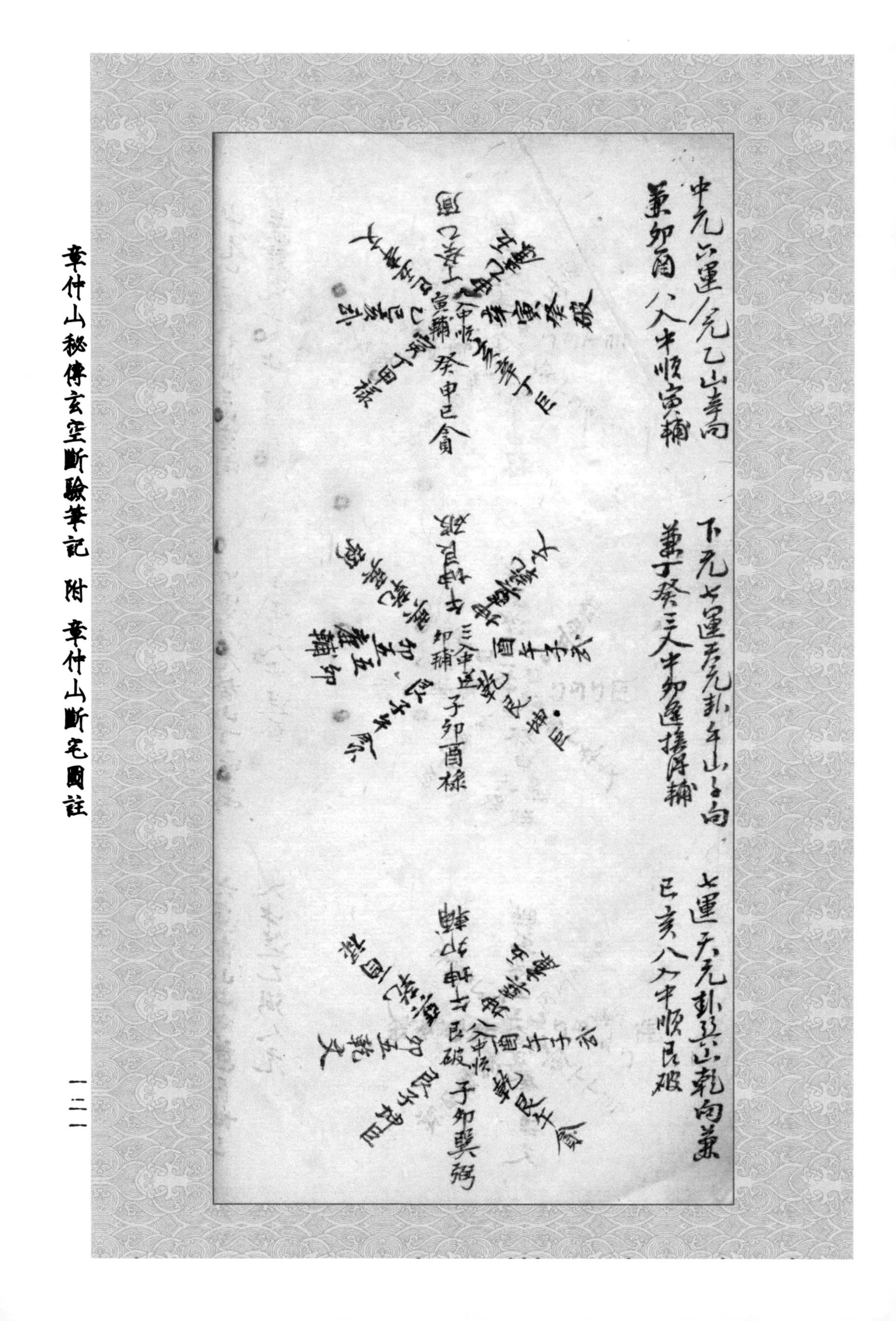

中元六運兌元乙山辛向
兼卯酉 八入中順寅輔

癸申巳貪

下元七運天元卦午山子向
兼丁癸三入中逆撥丹輔

子卯酉祿

七運天元卦巽山乾向兼
巳亥八入中順艮破

子卯巽弼

下元甲子七八九為天心正運用艮丙辛位位是破軍

接三大卦俱用六十年　酉艮午為三吉亦為三陽

吉中之吉陽中之陽八白為第一庚丑丙為地元三

龍辛寅子為人元三龍俱申六龍蔣氏曰卦三

父母為三吉卦卦子息為六龍

戌起貪丙破午起貪艮破巳起貪逆辛破

下元七運丙兑卦酉山卯向兼辛乙
五入中逆年起貪順

五入中
逆
子卯午貪

坤山艮向兼寅申一入中逆子逆武入中抽
廉坎得武曲

一入中
逆武
子卯五廉子武

下元七運地元卦壬山丙向兼亥巳二入

中逆未輔

二入中逆未輔
壬甲戌貪
亥甲辛巨
庚丙丙破
未庚申輔
丙未庚弼
癸酉申文
甲亥辰武
丑癸丑祿

七運地元辰山戌向兼巽乾

乾八入中逆丑祿

八入中逆丑祿
壬甲申文
亥甲辛弼
庚丙戌貪
未坤申輔
丙未辰武
癸酉丁破
甲亥壬巨
丑癸寅丑祿

七運地元丑山未向兼艮坤

坤四入中逆辰武

四入中逆辰武
壬甲丑祿
亥甲申文
庚丙未輔
未坤寅弼
丙未丙破
癸酉辛巨
甲亥戌貪
丑癸壬巨

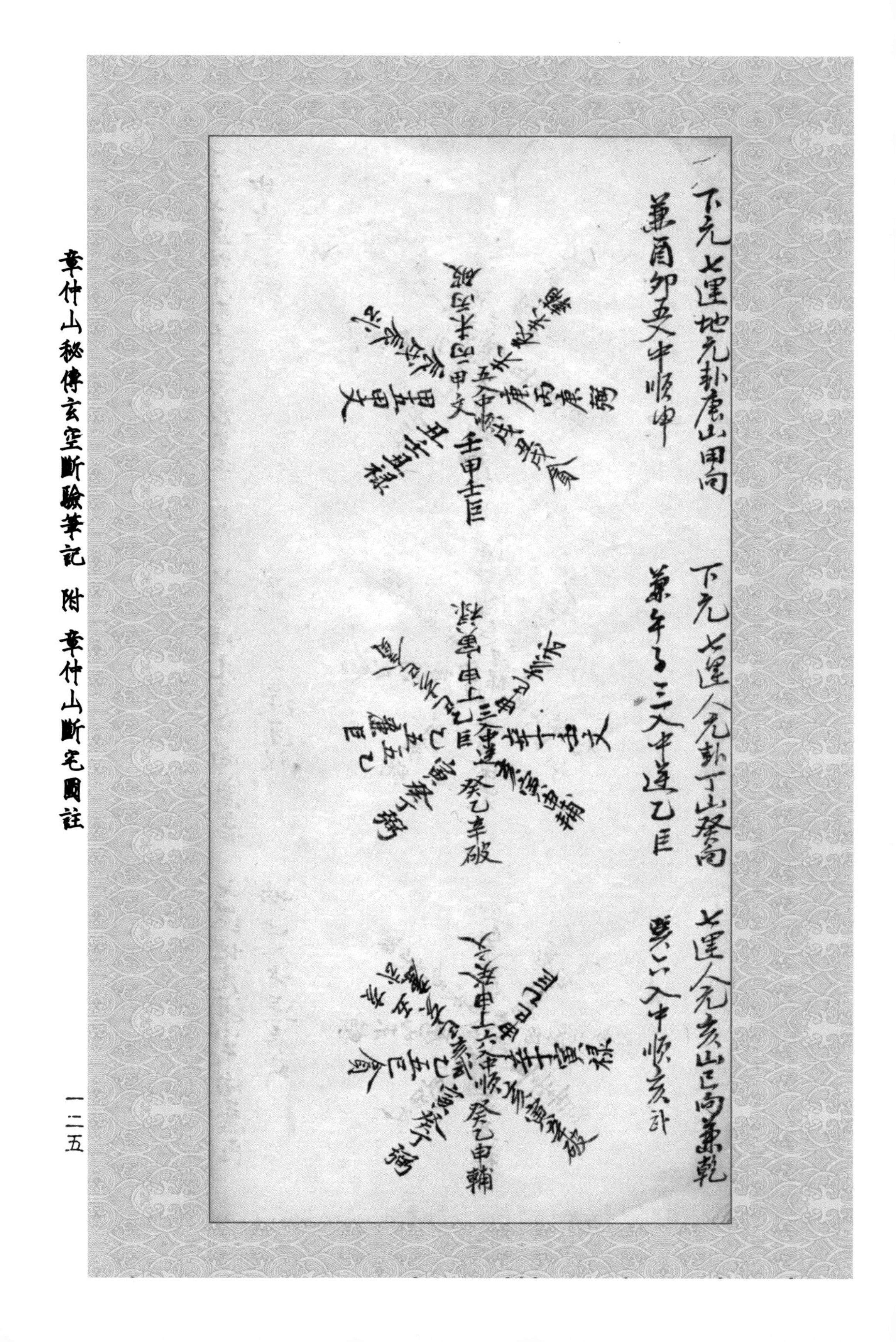

下元七運地元卦庚山甲向
兼酉卯五入中順申

下元七運人元卦丁山癸向
兼午子三入中逆乙巨

七運人元亥山巳向兼乾
巽六入中順亥卦

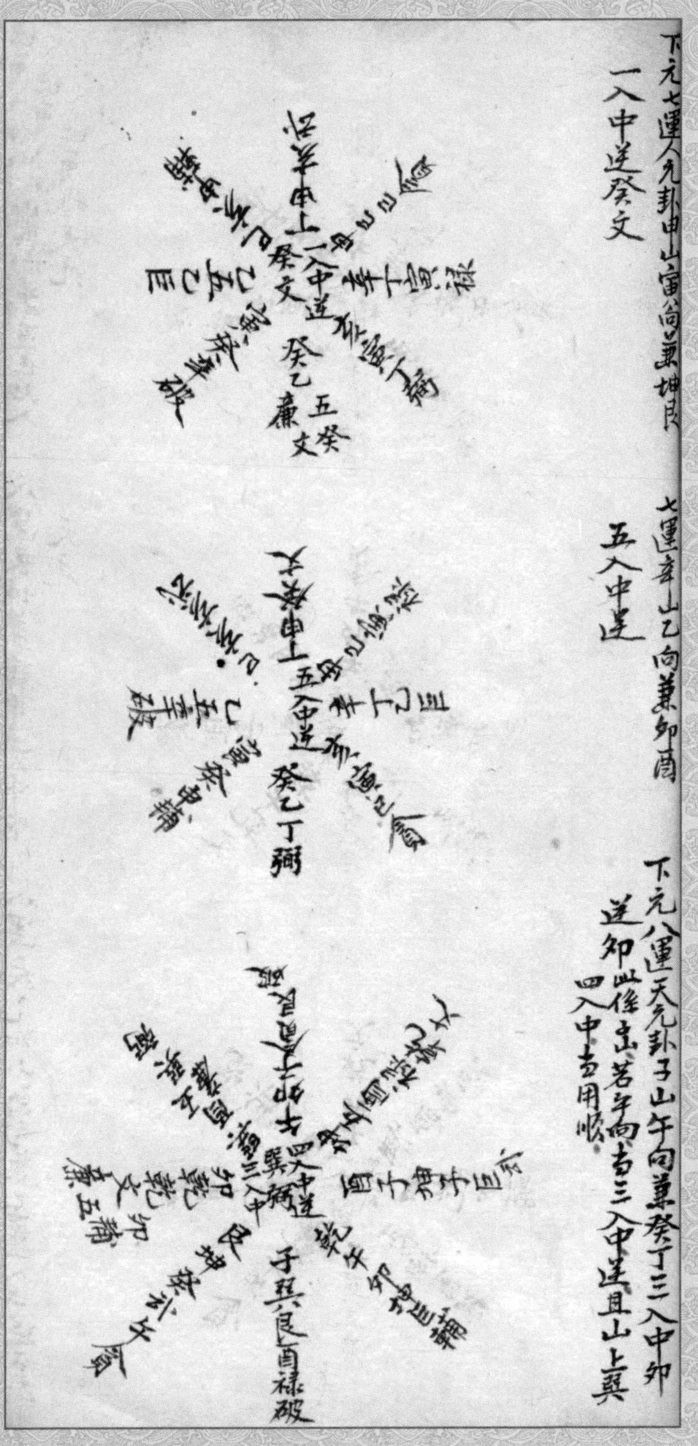

下元七運入兑卦申山寅向兼坤艮

一入中逆癸文

七運辛山乙向兼卯酉

五入中逆

下元八運天元卦子山午向兼癸丁三入中卯逆知此係雄山若午向去三入中逆且山上與四入中去用順

下元八運乾山巽向兼亥巳七入中逆酉祿天元

八運艮坤兼寅申五入中順 天元

八運天元卯山酉向兼乙辛一入中逆子武

下元八運地元卦丙山壬向兼午子
四入中逆辰輔弍入中

四入中逆
辰輔
壬辰丑祿
甲戌貪

八運辰山戌向兼巽乾九入中
順丙破地元

九入中
丙破
壬辰五廉

八運未山丑向兼艮坤二入中未逆輔
地元

二入中逆
未輔
壬辰戌貪

八運地元卦庚山甲向兼酉卯
六入中逆戌會

下元八運人元卦癸山丁向兼子午
二入中逆乙巳

八運人元巳山亥向兼巽乾
九入中逆丁陽

八運人兑卦寅山申向兼艮坤五入中順

申輔

五入中

癸巳癸文

八運人兑卦乙山辛向兼卯酉一入中逆癸文

一入中逆

五癸

人元亥山巳向起貪順

亥貪
癸巨
寅祿
乙文

下元九運天元卦午山子向兼丁癸五入中逆
地盤酉艮午為三吉宜取龍 挨星天盤
酉艮午為三陽宜取中

天元卦 巽山乾向兼巳亥一入中逆五入中挨廉坎得五
宜艮龍菸脉氣吉星山宜低來伏而來

坎上宜水艮上宜高酉上宜高卯上宜水巽上宜低伏
環抱坤上宜低水湧環乾上宜高

九運坤山艮向兼申寅八三入中逆輔入中

直取午乾酉龍

九運酉山卯向兼辛乙七入中逆祿入中

乾澤坤坤澤酉艮澤巽巽澤午皆屬陽陽若多陰宅不成

故取乾宮子水坎宮子水艮宮卯水震宮酉水為乾坤艮巽

天然穴中未查面量真龍依圖立向不若子崇華富貴

豈休歇

大運坤兑卦壬山丙向兼亥巳四入中逆武入中

直五龍

吉星生旺囤起翻换

凶星直伏旋湧顯

兹取地盤庚丑為丙三吉

水取天盤庚丑丙為吉水

戌山辰向兼乾巽八入中逆禄入中

甲山庚向兼卯酉二入中逆

旺星龍星方道豐厚發達

丑山未向兼艮坤六入中逆

九運人元卦丁山癸向兼午子五入中逆
亥龍最吉　寶照云寅申巳亥人元來乙辛丁
癸水來催更兩會狼貪殿五吉寅坤申艮御门
開巳丙巳向天门上亥壬向得巽風吹

巳山亥向兼丙壬一入中逆
龍取地盤辛寅丁水
取天盤辛寅丁

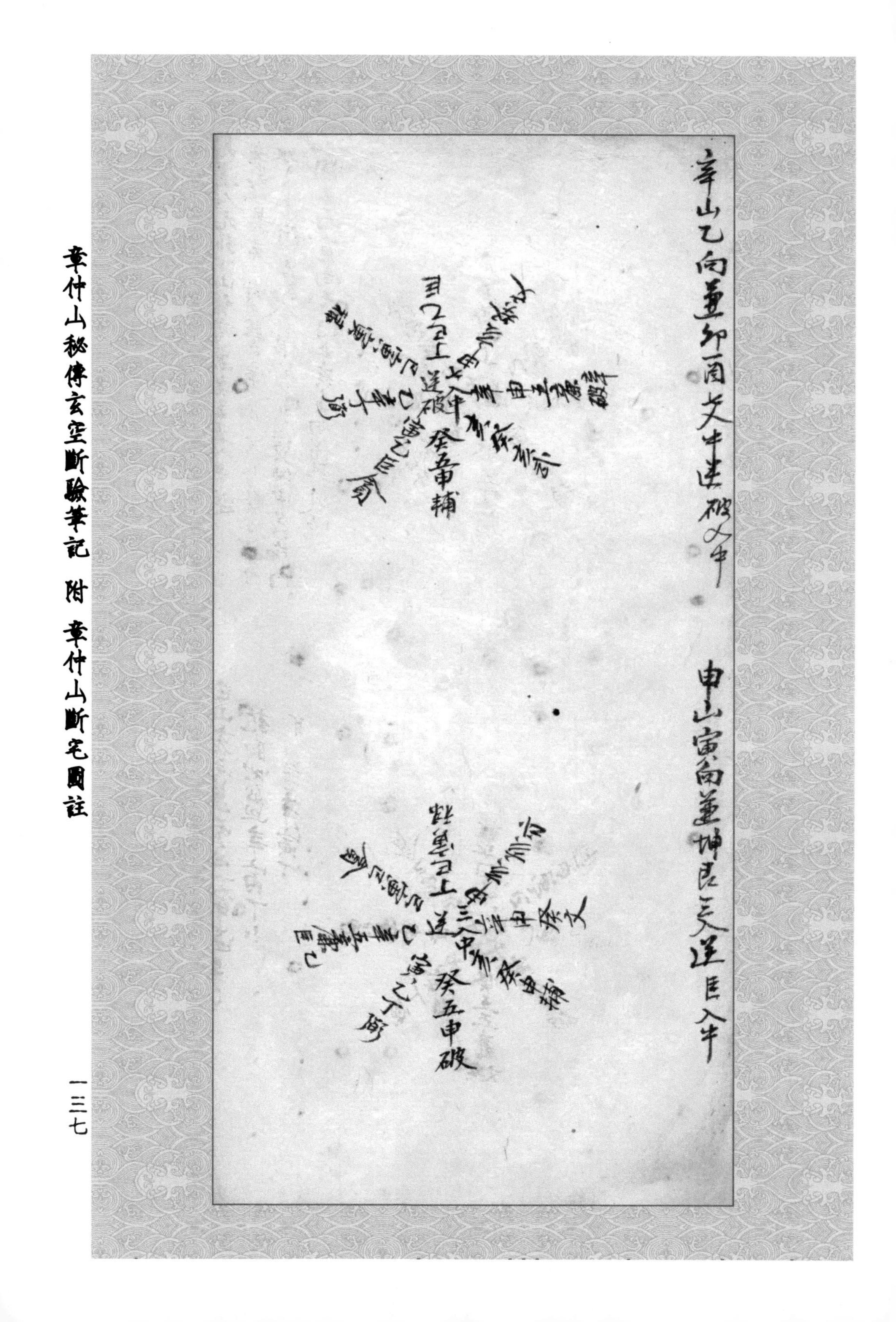

辛山乙向兼卯酉　七入中　逆　破入中

申山寅向兼坤艮　三入中　逆　巨入中

九運三卦總以向之陰星入中逆佈八宮挨星共來者八此平陽平洋平原
水中用法皆宜龍合向向合水水合三吉位貪武輔弼巨為吉龍吉水吉
向破祿廉文曲為凶切不可用向淨陰淨陽觀其流泉形局如何定用淨陰（淨陽法為直山也）
為宜平地取為山空血脈精屬淨陽經云陽以抱陰陽用陰而陽若無
陰宅不成故平地以向之陰星入中顛倒排之吉星是生氣向可為龍神
於水故曰水主龍神不於山也平山地不能盡之吉星名為青貴下生
地為內皆屬陰經云陰用陽朝又云陰以含陽陰若無陽宅不生山管
山與水管水此是陰陽不移之言蔣氏曰山之元關自管山水之元關自管水
不相混雜蓋山有山之陰陽水有水之陰陽不可通乎此義則世之言龍穴
砂水者真未夢見矣又云山與水各自有龍神山上龍神以山為龍者也專

以山之陰陽五行推順逆生死而水非所論水裏龍神以水為龍局也專以水之陰陽五行推順逆生死而山非所論將平地水法專以向之陰星入中逆排八宮龍神在向以斷吉凶如山地以向上陽星入中順排八宮吉星之星在山將見山上龍神不下水專貪輔武弼巨吉星山峰拱照大發富貴破祿廉文切不可有高山峰在於三卦用法用向星入中順排八宮天元卦二十六地元卦三十六人元卦三十六與平地水法異因從向星不同也

先後天俱到八法

一乾崗九是乾宗巽龍入脈要坤宮坎水出乾坤宮坎一脈相通天三地八為朋友七二合四氣相從崗九龍來定震位脈去天三地六坎

平陽之五星以水要看來龍之屬何形高山之五星以峯要看來水之屬何形現水之法必三叉正交俱上鄉為水中出正大裏水不宜四正兼中中兼左右四隅中向直達左右可兼在四隅中不可兼陰在四正向不可兼陽山龍以山水龍以水若山水相兼亦必山水並用則吉凶系本

丙午丁為三陽龍神

丑未為妖孽龍神主 男信僧道 女信尼姑

戌為鼓盆主尅妻

辰為天罡主尅夫

忌横尿若見有人命之害若子圓飽滿賽過大腹有私墮胎之忌

見山峰者一榜 見水存庫

名六
文秀

子 癸 寅 甲 乙 坤

次武財卯見高峯末乃爆兵部尚書 庚年必發科第 見水大富

次武財庚見高峯武魁元 見水巨富

丙見高峯中舉巨富 兩榜縣官之職

三陽砂長壽午見高峯長房魁元 見水一榜巨富

又名六秀

丁　見高峯紅旂翰林九名　見水巨富庫出

酉　清秀開鉗出入聰俊有名不　見華紫案鳳凰形翰林學士承旨[illegible]

辛　見峯一榜　見水存庫

艮　見山峯紅房獨頂魁元　若圓靜高聳巨富存庫　見水田庄之富

二秀

丁　見高峯翰林　見水巨富存庫

巳　見嬌龍殿試二甲四名　見水巨富庫出

癸　見秀華高峯面來朝我一字兩峰兄弟兩詞林　若圓高滿兩榜

主長房有不青之歸　若討第三房可青

乾　見高山山峯秀峰狀元　見土同墨之富豪　見水清秀存庫

為此小徽

亥　見高峯面來朝我侍臚　若低小山峰秀降兩榜　見水庫生峯

戊　見砂高沖財來獨出鄉　見掃箒砂出影刺影刺

辰　見砂高沖財來出富

丑　高坤直射男信僧道　戌　出打脚

未　妖薄　高坤射來女信尼姑　丑辰　斷出多情　出打手

酉　見高峯插枝見水及庫星尾見次第砂出刁子見重疊砂出論文之

缺陷出跛子見梭尖砂出啞子

先天一六共宗　戌乾亥　二七同道　庚酉辛

三八為朋　甲卯乙　丑艮寅　四九為友　辰巽巳　丙午丁

此天地初分開闢之象也四象既分而成五位河圖洛書同此中五之極地理以先天八卦者分氣用事六卦雜陰陽之交媾乃天地生成之數陰陽配合之理所謂真宿主真夫婦真雌雄真对待真父母也上中下三元運行九宮每運之內有四对陰陽父母生成之極四九共十二之所謂天根月窟三十六宮都是春也真訣云龍分兩片陰陽取旺之陽者無陰之右成陰者無陽之右生陽水陰相配合兒孫天府早登名故向之父母即是來山之父母也去所之每運山上合生旺人丁旺之方向上合生旺財祿旺之方此非虛言確是有驗

生成數　一六生成交會合　怕逢四九來相冲　二七同道為夫婦　最忌

二八喜陰陽三八生成真陰陽所忌三七破軍向四九生成最忌之矣
悟從一六筆破碎出十分金生成體中帶戊土出圍小人耶敢來欺主而保
五百四十年不敗五百四十年為大三元 太極之氣長為一陽為太極一交而成太陰為兩
儀太陽主極九千年太陰主極九千年上元甲子陽太極之首為冬至生一陽
生甲子至戊寅十五年為一陽己卯至癸巳十五年為二陽甲午至甲申十五年
為三陽乙酉至癸亥十五年為四陽中元甲子至戊寅十五年為五陽己卯至
癸巳十五年為六陽陽極陰生天地自然之道故中元甲午陰太極之首為
夏至一陰生甲午至戊申十五年為一陰乙酉至癸亥十五年為二陰下元
甲子至戊寅十五年為三陰己卯至癸巳十五年為四陰甲午至戊申十五年
為五陰乙酉至癸亥十五年為六陰之極復生陽推移運行循環無端
周而復始

若要發福奉龍辨向奉一龍排將河圖辨五行龍是魂兮向是魄魂魄必須要相依龍克兮短命忽向克龍兮必換宗向生龍兮興隆之龍生向兮成家子天生人兮天成業人生天兮增父光後裔勤儉創家業人生地兮豐衣足食地生人兮是蒙福地克天兮多見窮天克地主見窮天地人兮名三才內藏細辨路雷驚

按天即子午卯酉乾坤艮巽地即甲庚壬丙辰戌丑未人即寅申巳亥乙辛丁癸地盤為各省郡縣必人住處加上河圖為使為自為主山以山為主平原以向為歡八方為一家貴內再加元運即以書為他為客為用神以此三層詳指作用又加換星向上一層山上一層再加催官催丁催財兩層龍穴砂水兩層共成九層紫白羅經盤上以辨生克吉凶運之換加元之轉換為選不亡

第一層地盤為主看之甚辨地氣生旺俾國無泄氣陰陽

第二層即以星運入中為河圖俾數即為祖父至身子孫

第三層為挨星行陰與陽陽與陰合向上一對陰陽山上一對陰陽

第四層飛挨星向上得某星山上得某星

第五層向星布八方得某星

第六層山上布八方得某星

第七層催官篇二十四峯並水口吉宜來凶宜去不見

第八層用洛書即是九宮八卦排合無破之為流泄即合家退敗是也

第九層洛書上分陰陽辨五行生剋為合元對為福破元不合敗退

玄極中央為主陳五六七八順飛挨排來向上分數例調布中宮好異常

死生須審識陰陽順逆細推詳五行本氣支干山陰陽五心為挨方

按風水一書挨星訣去青囊天玉首重挨星收山出煞之書以挨星為辨元運為用

天元卦　乾陽午卯酉陰貪起巽四局　坤艮陽貪狼起午二局　巽陽貪起乾一局
子陰貪起子一局　共成八局

乾山巽起貪順　翻向乾起貪順　巽起貪順挨至乾為武曲　巽辰亥盡是武曲位

坤山午起貪順　翻向子起貪順　午起貪順挨至坤為巨门　坤壬乙巨门從頭出

艮山午起貪順　翻向子起貪順　午起貪順挨至艮為破軍　艮丙辛位位是破軍

巽山乾起貪順　翻向巽起貪順　乾起貪順挨至巽為武曲　乾亥辰巽巨連成武曲名

子山自起子上貪逆　翻向午起貪逆　子山自起貪逆挨子癸併甲申　貪狼一路行

午山巽起貪逆　翻向乾起貪逆　巽起貪逆挨至午為右弼　寅午庚丁上右弼　四星

卯山巽起貪逆　翻向乾起貪逆　巽起貪逆挨至卯為巨门　壬卯乙未坤五位為巨门

酉山巽起貪逆　翻向乾起貪逆　巽起貪逆挨至酉為破軍　酉辛丑艮丙天星說破軍

地元卦 庚壬丙陽辰陰貪起戌 四局 丑未陰貪起庚二局 甲陽甲起貪一局

戌陰貪起辰一局 共成八局

甲山甲 自起貪順 翻向庚起貪順 甲山自起貪順為甲乙癸申貪狼一路行

庚山戌起貪順 翻向辰起貪順 ·戌起貪順挨至庚為右弼 寅午庚丁上右弼四星

壬山戌起貪順 翻向辰起貪順 戌起貪順挨至壬為巨門 坤壬乙巨門從頭出

丙山戌起貪順 翻向辰起貪順 戌起貪順挨至丙為破軍 艮丙辛位位是破軍

辰山戌起貪逆 翻向辰起貪逆 戌起貪逆挨至辰為武曲 巽辰亥盡是武曲位

戌山辰起貪逆 翻向戌起貪逆 辰起貪逆挨至戌為武曲 乾亥辰巽之連戌武曲名

丑山庚起貪逆 翻向甲起貪逆 庚起貪逆挨至丑為破軍 酉辛丑艮丙天星說破軍

未山庚起貪逆 翻向甲起貪逆 庚起貪逆挨至未為巨門 壬卯乙未坤五位為巨門

人元卦　亥陽乙辛丁陰夤起巳四局　寅陽夤起乙一局　申陽申起夤一局　共成八局
巳陽夤起亥一局　癸陰癸起夤一局

乙山巳起夤逆　翻向亥起夤逆　巳起夤逆挨丢乙為巨门　坤壬乙巨门從頭出
辛山巳起夤逆　翻向辰亥起夤逆　巳起夤逆挨丢辛為破軍　辰丙辛位位是破軍
丁山巳起夤逆　翻向亥起夤逆　巳起夤逆挨丢丁為右弼　寅午庚丁上右弼四星一
癸山自癸起夤逆順　翻向丁起夤逆　癸山自起夤逆　甲癸申夤貪狼一路行
寅山乙起夤逆　翻向辛起夤順　乙起夤順挨丢寅為右弼　寅午庚丁上右弼四星
申山自申起夤順　翻向寅起夤順　申山自起夤順　甲癸申貪狼一路行
巳山亥起夤順　翻向巳起夤順　亥起乾夤順挨丢巳為武曲　乾亥辰巽巳連戌武曲名
亥山巳起夤順　翻向亥起夤順　巳起夤順挨丢亥為武曲　巽辰亥巳只是武曲位

地元壬丙庚三山戌起貪順

戌貪　庚獨　未祿　丙巨　辰武　甲文　丑祿　壬巨

地元辰山戌起貪逆

戌貪　庚巨　未祿　丙大　辰武　甲破　丑輔　壬獨

地元甲山自起貪順

戌破　庚武　未文　丙祿　辰巨　甲貪　丑獨　壬輔

天元乾山巽起貪順

乾貪　酉文　坤祿　午巨　巽武　卯弼　艮輔　子破

地元丑未二山庚起貪逆

庚貪　戌弼　壬輔　丑破　甲武　辛文　丙祿　未巨

地元戌山辰起貪順

辰破　戌弼　壬文　丑祿　甲巨　辛武　丙輔　未貪

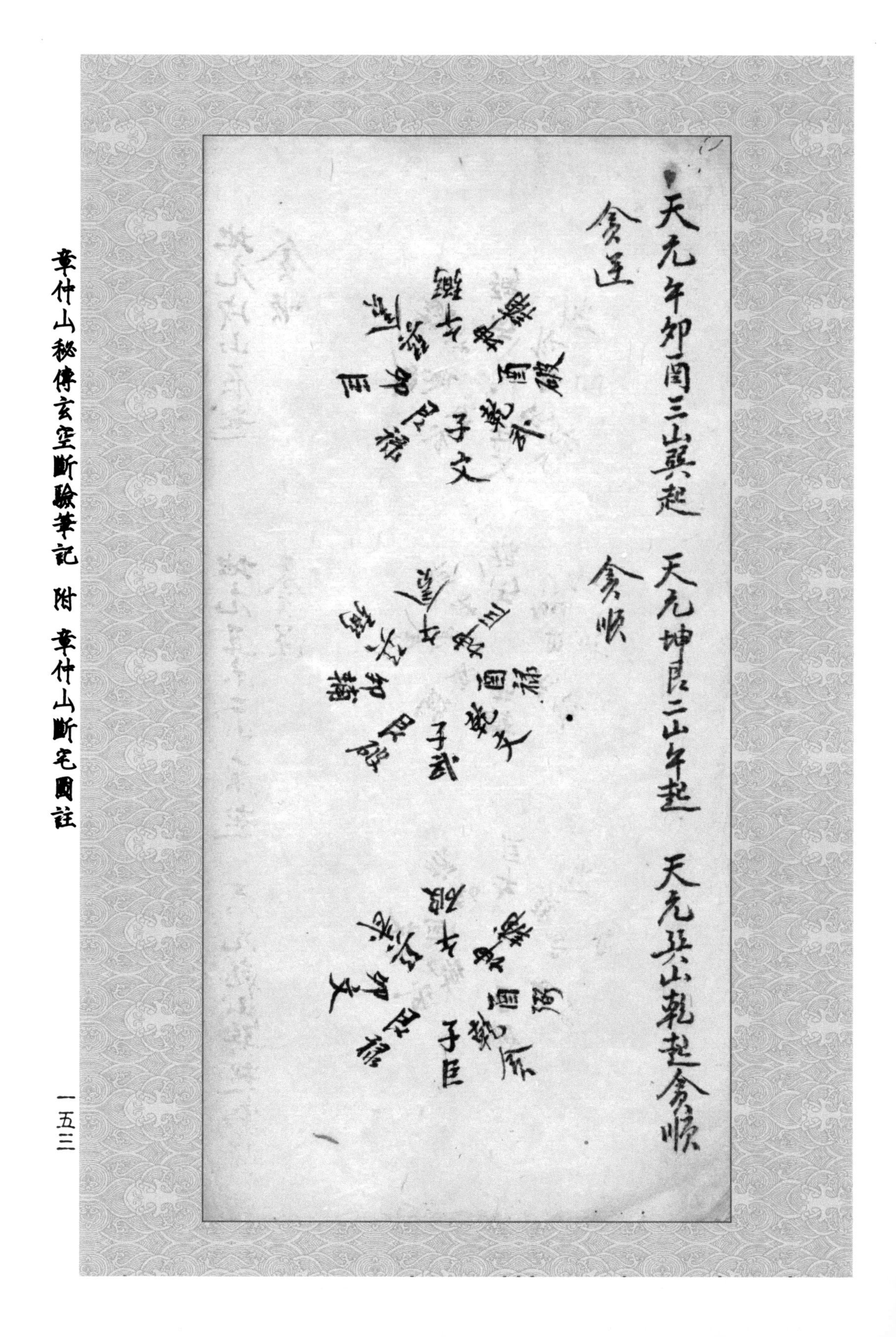

天元午卯酉三山巽起　貪逆

天元坤艮二山午起　貪順

天元巽山乾起貪順

一用六謂六運用六　天盤丙向順飛　天盤午丁向逆飛　六運地盤

入中　地盤順飛

六運用入中　坎　七三二　二七（伏吟）六　八三四　三八七

六入中向首　丁　得一丙坐壬　午　順壬子坐　丙　逆　山

五一六　山　九五（丙順）一　一五九（壬坐）　丁午丙　一六二

九八四　四三八　六七二　五四九

二用七謂七運用二　天盤坤申向順飛　天盤未向逆飛　七運地盤

入中　地盤順飛

坤　八四三　二七（火）六　八三（木）四　申　四九八

山　六二七　九五一（水）　一五九（坐）　坤　二七三

一九五　四三八（木）　六（水）七二（火）　未　六五一

丁　三八七

午　一六二

丙　五四九

七運用二入中

坎山午向坤申順

壬山丙向未逆

八運五到坤

中　五一九

坤　三八四

未　七六二

壬山丙向兼亥巳陽順　水上八八　向起二逆飛　甲戌年向上得巳

山起三順　乙卦　順三卦　二卦　一入中　順飛

九丙　五庚　四辰
七庚　三甲木　八丑
二火未　一水壬　六戌

五　一　九
三　八　四（冲）
七　六　二

五未　九丙　一壬（六見一歲）
七庚　二未　六戌（一見六黃）
三甲　四辰　八丑

七　三　二
五　一　六
九　八　四

房是七赤運
七入中順飛
三到坎艮山
上起三
此章仲山原
圖也
三七沖起
七星逆入中宮
順飛山得三四
向得三
乾亥未龍得
八艮寅順
酉辛方來子
甲戌年得八

四　九　八
二（向逆）　七　三（甲山順）
六（未）　五　一

甲戌年六入中
宮以下九七赤運
各上八八順

三　八　七
一　六（艮未各）　二
五　四　九

向首星辰三卦排來
見七伏吟又加之以震三亦伏
復臨向首主有男丁口不安
巽巳方坡屋是方佛得震
三方局相冲主子孫右足不
便且多腰疼屋斷

四一九　一三　五七　六八山（亥寅 四合 癸巳申）
三八四　二五　七九　二四
七六二丙　丑丙寅丙　八一癸　九二　四六（出病符 沖）

亥山巳向兼壬丙 住宅 坎龍
辛仲山原園厥移之住宅 八運乙酉年者
丙寅亥寅亥六合壬寅巳蔡上巳申合 癸乙五辛 亥寅合
合寅子龍出艮八子丑六合丑克子水合窟 乙五辛丁申巳合
亥馬臨巳巳馬臨亥合馬壬祿亥丙祿巳合祿 寅癸丁申巳亥沖
子丑六合 生山寅亥六合死絕合官合貴合馬合祿
向對艮八恰丙山上龍神
即此山之向也
現在樓上上房路前樓樓梯仍在癸丑之間對房門直路都由當艮方
直房只巽方異四弱不可臨 上排龍不換者乾金的艮其殺四六時
相沖之房恐亦錢是不便之息并多肝風疼疾等之直樓梯移

于屏門以向西上樓左右兩房俱從中間出入艮方真龍自然樓梯
的在西房門之乾亥吉方矣
理在新房門以承艮龍中間長牌理在正房門之卯乙是方大吉大
喝以為合坤方都在于斯宜將上之房移在一架長寬如本道書
龍的在辰巽之間辰巽是三合之合合官合貴諸吉所承合之所門
龍承此自然催祿催丁于指日
鬼神是陰極之氣所安所居之處每伏于陰處重重陰陰宜
換陽乾方開通門路或整并以為解
至於大門及大廳房路途遠擇吉年月動作為上不過者雖
戊子山日最安者年向戌坤二到向二八相冲卯生山則以坤中央之
七點不甚安

壬山向兼亥巳 章仲山原圖

山起三順
甲戌年六
入中小上
八八順向
起二逆甲
戌年向上二
起一順

池 午丁 巳未

故屋 九

九五 巳 七 未
丙
五七 三 卯 震
巳 七 羊
三七 二

田 一 五 六 九 午
八 四 六 一
田

三 未 未水
一八 三
二

四 九 二 一 未龍
池
寅
四八 二六
八四 官 六
六 貴
水
此方宜池 見各先山

向首星辰三卦排來見七伏吟又加之以震三右伏俱臨
向首主初三丁口欠安巽巳方政危是方佛得震三子向
相衝主子孫左足石便見多喉症　圖內用紅筆者非仲山原筆

坎坤震巽俱在五黃前三在坎故順乾兑艮離
俱在五黃後二在離故逆　壬子八月蔭卿謹注
甲戌年七月八入中飛順

坤山艮向向上子一八入中順飛山上巽二入中順飛甲戌年九入中順飛
庚向子上得卯三入中順飛　年山得坤二入中順子向得卯
三入中

大门现向子癸宜改
向坤兼未
子癸二入中順　坤未二入中順
甲戌年六入中順改坤用艮山八入中順
甲戌年坤向门三三入中
章仲山原图
大门现向子癸宜改
向坤兼未
巳為土
坤上層土

七九
八四綠三
五

六五
四九紫八
一

二四
三八白七
九

五七
六二黑一
三

三三入中
三入中
七赤
六入中
八入中

六八
七三碧
二申生
四
艮巳

九二
一六白五巳
七酉

八一
九五黄四辰
六

四六
五一白九
二

新屋

天元壬山自起
貪逆

人元乙辛二山巳起
貪逆

人元亥山巳起
貪順

壬午年七入中乾山巽向乾入中逆　八白八入中

一九五　一四五　九五　六九一五　五五　五山七　五六六　一六一　九一　九六

二　八二二　三二　六四　七公山入中　六向入中九　伏　三二一四　三三四　山九　向公山入中七　四四二

七三六七七　八五六　二五八　一六八　七八八　六九七　二三二

向巽入中順
山上八順
向上又逆

寺頭鎮下元壬午年八宅

辛巳年塟星流年圖

山
四八　九三　八四
二一　順　七五　逆　三九
六六　五七　一二
向

辛乙向是年塟坎穆穴

在祖墓巳丙二黃宮巳為辛

年太歲二入中向上年三

未十月安塟又犯月殺巳

生人巳傷亥命人難免巳亥

卯生人居太病戲死是年三

未寅卯辰太歲巳月建亥

相沖

癸未流年生山化三未占辛巳對宮煙度恒四月後交五月卯五黃入

在巳丙生剋中宮剋雜清耗之象塟後七日卯夜巳生人卯命戲死

癸未五月五黃到向入中死辰命如口

辛巳年破娃子辛山乙向葬次穆穴在祖墓巳丙二宮巳酉年年太
歲更冲向上年三奈十月安葬ヲ杜月破葬以七白卯丑巳生人發婦
卯命人劫死至癸未流年生山以三奈正月五黄入中死辰命山以
此紅陰惟娃地師所作誤
為杜左歲又三奈者戒去
劉雪時現其路用康由向來用教年以命人葬死

人元癸山自起
陰逆

祿
文 申 辛 亥 巨
癸 貪
武 巳 乙 寅 弼
破 輔

人元寅山乙起陰順

弼
文 申 辛 亥 破
癸 輔
祿 丁 巳 乙 寅 廉
巨 貪

人元申山自起陰順

巨
武 申 辛 亥 祿
癸 文
廉 丁 巳 乙 寅 貪
破

坤艮兼未丑任斋公墓

六白在中

山 三三木 八七 七八

一五 六八九進 二四

五七 四二 九六 向

七赤在中

山 四四木 九八 八九

二六 七一六中進 三五

六二 五三土 一七 向

八白入中

山 五五土 一九 九一

三七 八二五中 四六

七三 六四 二八土 向

中元癸巳年二黑入中　震宅卯酉兼乙辛

修村

乙辛

八七三　　三三八　大樹

向水　四二七

六九五　　二年　四星　　七八四

山　九不二　山九星　　五一六

坎

田

一一

生東朝西卯山酉向兼乙辛五黃

星內用

九二四　　四六八

向　中　五七九

七九二　　山三向七　旺乾星　　八一三

二四不　　山一三子　　六八一

六入中

向水

三五 一
八二 六
七九 五 樹

一三 八
六 向傾 山傾
二四 九

五七 三
四六 二
九二 七

七入中

四六 二
九三 七
八五 六 樹

二四 九
七 向九傾 山五傾
三五 一

六八 四
五七 三
一三 八

八入中

向水

五四 九
一八 四
九五 七

三六 二
八 向逆 山逆
四五 一

七二 七
六三 八
二七 三

山

來錢大龍山、祖宗發山祿州王字龍共三十六條脉第七條來過宜興入太湖三山口直入歷山分脉過又龍山

五入中運九入中向一入中山
四入中來衛山氣

二三四	八六五九	四一三二
三二二三	一九七	六七七
七七六八	七九四一	九八六

吉宅壬山午向加癸丁元空五行向得戊巳於土戊巳明於中元今交光令其氣已平且於宅分戊巳相尅宜改移門路移于乾坐所臨之地方為書善上房門現在正屬丙方門外來路却由卯方而來是方接得二黑一二黑一即坤為孤陰為病符為死此分向之戊巳并力尅水恐其丁稀急宜改艮門艮路為將灶位安門向亥乾是方佈著八白艮土火門向此是則催丁章仲山斷

未山丑向兼丁癸三分

六 五 三四 九一 二四 一九

八 七三 三四 二八 九七 六四

六四 二七 七四 四六 二九 八二

八入中運　二入中向

五入中山　三入中龍

吉地丁方來龍轉坤未入首乾兌高山牽未丁方起頂

丑方水法有塘有河立未丑加丁癸恰合艮山艮向

再一六八三陽都在北方并合十道教謂三陽水向

者此也所謂直達補救者亦此也八運章仲山斷能也七

巳亥八月丁亥月將天罡正時登明

未蛇空天子丁　丙青空白　治　壬辰

巳戌卯未巳子　丑寅卯辰　一層　戌申

白辰亥　不子　巳未　丁卯

蛇戌辰萎亥　年之宣　八　丁未

戌酉申未　子

蛇吳后陽

明年六白到向西北角有道亦辛向是也宜修窗擇吉為要　宜巳之月

卯星飛臨干上至卯相刑莫非不足乙為水法右秒亦屬未安細説之罷直為擇牛眠

癸巳三月將辛夕日寅時占坐坤艮未丑　扯神上后時占地癸巳三月酉將辛卯日子時占

亢巳辛　青龍建祿　辰陰之貴坤山　天盤
子巳　子未　卯辰巳午　龍
辰　亢朱白　貴寅　未白　虎
戌卯　巳子未　蛇丑　申寅　貴
巳戌　官子卯　子亥戌酉　神
朱六句龍

日值臨于亢武旺相貴龍建祿貴人三居宮細
富龍虎挨挨坤山地星倣久枸山地之位世貴
龍砂如明堂等案六相砍有情虎臨未位
靜而不動者昌若有此藥等事恐非不為

子時神合　辰時天罡　申時傳送
丑時大吉　巳時太空　酉時從魁
寅時功曹　午時勝光　戌時河魁
卯時太空　未時太常　亥時登明

亢帝空白　地盤　人盤
巳午未申　白未辛　朱白朱
酉虎　辰未　子未子
陰辰　戌句　朱子卯　子卯子
辰卯
寅寅丑子亥　一酉子
大蛇朱六
即貴起

時將神居領起月將月將從子位上差故三月辰
以酉位上為酉將　天盤上丑宮順挨挨酉將子位
上起酉寅位仍起貴　地盤酉將上兩位即未以辛卯
二字打底辛上于即寫未再以未打底天盤辰居未空
故上寫辰次以卯打底天盤子居卯故上書子字再以子
打底天盤酉居子宮故上寫酉字

此乃本朝咸豐初年唐鷺亭先生將風水會纂細審應驗其中之味味中之美皆錄於此集之中藏於書之內是謂至樂其後恰遇兵燹之劫其家庭被火一焚盡在這量劫中　此天乃不絕其道幸有至戚深和抄錄至本傳於此世覓平日竊思風水真道均屬

失傳得遇老人無名深求講詢於乙亥春忽詢

先生至道專心術之竟承已願究其夜盡雲

開悟見紅日東昇之象也 胞弟景和序

時在

光緒拾年歲次甲申秋七月追尋胞弟景和

所錄藏本 錫山吳逢吉季世社弟張建才錄

32	命學探驪集	【民國】張巢雲	發前人所未發 稀見民初子平命理著作
33	澹園命談	【民國】高澹園	
34	算命一讀通——鴻福齊天	【民國】不空居士、覺先居士合纂	
35	子平玄理	【民國】施惕君	
36	星命風水秘傳百日通	心一堂編	
37	命理大四字金前定	題【晉】鬼谷子王詡	源自元代算命術
38	命理斷語義理源深	心一堂編	稀見清代批命斷語及活套
39-40	文武星案	【明】陸位	失傳四百年《張果星宗》姊妹篇 千多星盤命例　研究命學必備
相術類			
41	新相人學講義	【民國】楊叔和	失傳民初白話文相術書
42	手相學淺說	【民國】黃龍	民初中西結合手相學經典
43	大清相法	心一堂編	重現失傳經典相書
44	相法易知	心一堂編	
45	相法秘傳百日通	心一堂編	
堪輿類			
46	靈城精義箋	【清】沈竹礽	沈氏玄空遺珍 玄空風水必讀
47	地理辨正抉要	【清】沈竹礽	
48	《玄空古義四種通釋》《地理疑義答問》合刊	沈瓞民	
49	《沈氏玄空吹虀室雜存》《玄空捷訣》合刊	【民國】申聽禪	
50	漢鏡齋堪輿小識	【民國】查國珍、沈瓞民	
51	堪輿一覽	【清】孫竹田	失傳已久的無常派玄空經典
52	章仲山挨星秘訣（修定版）	【清】章仲山	章仲山無常派玄空珍秘 門內秘本首次公開
53	臨穴指南	【清】章仲山	
54	章仲山宅案附無常派玄空秘要	心一堂編	沈竹礽等大師尋覓一生末得之珍本！
55	地理辨正補	【清】朱小鶴	玄空六派蘇州派代表作
56	陽宅覺元氏新書	【清】元祝垚	簡易・有效・神驗之玄空陽宅法
57	地學鐵骨秘　附　吳師青藏命理大易數	【民國】吳師青	釋玄空廣東派地學之秘
58-61	四秘全書十二種（清刻原本）	【清】尹一勺	玄空湘楚派經典本來面目 有別於錯誤極多的坊本

編號	書名	作者	備註
62	地理辨正補註 附 元空秘旨 天元五歌 玄空精髓 心法秘訣等數種合刊	【民國】胡仲言	貫通易理、巒頭、三元、三合、天星、中醫
63	地理辨正自解	【清】李思白	公開玄空家「分率尺、工部尺、量天尺」之秘
64	許氏地理辨正釋義	【民國】許錦灝	民國易學名家黃元炳力薦
65	地理辨正天玉經內傳要訣圖解	【清】程懷榮	秘訣一語道破，圖文并茂
66	謝氏地理書	【民國】謝復	玄空體用兼備、深入淺出
67	論山水元運易理斷驗、三元氣運說附紫白訣等五種合刊	【宋】吳景鸞等	失傳古本《玄空秘旨》《紫白訣》
68	星卦奧義圖訣	【清】施安仁	三元玄空門內秘笈　清鈔孤本 過去均為必須守秘不能公開秘密 與今天流行飛星法不同
69	三元地學秘傳	【清】何文源	
70	三元玄空挨星四十八局圖說	心一堂編	
71	三元挨星秘訣仙傳	心一堂編	
72	三元地理正傳	心一堂編	
73	三元天心正運	心一堂編	
74	元空紫白陽宅秘旨	心一堂編	
75	玄空挨星秘圖 附 堪輿指迷	心一堂編	
76	姚氏地理辨正圖說 附 地理九星并挨星真訣全圖 秘傳河圖精義等數種合刊	【清】姚文田等	蓮池心法　玄空六法 門內秘鈔本首次公開
77	元空法鑑批點本——附 法鑑口授訣要、秘傳玄空三鑑奧義匯鈔 合刊	【清】曾懷玉等	
78	元空法鑑心法	【清】曾懷玉等	
79	曾懷玉增批蔣徒傳天玉經補註【新修訂版原（彩）色本】	【清】項木林、曾懷玉	
80	地理學新義	【民國】俞仁宇撰	揭開連城派風水之秘
81	地理辨正揭隱（足本） 附連城派秘鈔口訣	【民國】王邈達	
82	趙連城傳地理秘訣附雪庵和尚字字金	【明】趙連城	
83	趙連城秘傳楊公地理真訣	【明】趙連城	
84	地理法門全書	仗溪子、芝罘子	巒頭風水，內容簡核、深入淺出
85	地理方外別傳	【清】熙齋上人	巒頭形勢、「望氣」「鑑神」
86	地理輯要	【清】余鵬	集地理經典之精要
87	地理秘珍	【清】錫九氏	巒頭、三合天星，圖文並茂
88	《羅經舉要》附《附三合天機秘訣》	【清】賈長吉	清鈔孤本羅經、三合訣法圖解
89－90	嚴陵張九儀增釋地理琢玉斧巒	【清】張九儀	清初三合風水名家張九儀經典清刻原本！

編號	書名	作者	說明
91	地學形勢摘要	心一堂編	形家秘鈔珍本
92	《平洋地理入門》《巒頭圖解》合刊	【清】盧崇台	平洋水法、形家秘本
93	《鑒水極玄經》《秘授水法》合刊	【唐】司馬頭陀、【清】鮑湘襟	千古之秘，不可妄傳匪人
94	平洋地理闡秘	心一堂編	雲間三元平洋形法秘鈔珍本
95	地經圖說	【清】余九皋	形勢理氣、精繪圖文
96	司馬頭陀地鉗	【唐】司馬頭陀	流傳極稀《地鉗》
97	欽天監地理醒世切要辨論	【清】欽天監	公開清代皇室御用風水真本
三式類			
98－99	大六壬尋源二種	【清】張純照	六壬入門、占課指南
100	六壬教科六壬鑰	【民國】蔣問天	由淺入深，首尾悉備
101	壬課總訣	心一堂編	過去術家不外傳的珍稀六壬術秘鈔本
102	六壬秘斷	心一堂編	
103	大六壬類闡	心一堂編	
104	六壬秘笈——韋千里占卜講義	【民國】韋千里	六壬入門必備
105	壬學述古	【民國】曹仁麟	依法占之，「無不神驗」
106	奇門揭要	心一堂編	集「法奇門」、「術奇門」精要
107	奇門行軍要略	【清】劉文瀾	條理清晰、簡明易用
108	奇門大宗直旨	劉毗	天下孤本　首次公開
109	奇門三奇干支神應	馮繼明	虛白廬藏本《秘藏遁甲天機》
110	奇門仙機	題【漢】張子房	奇門不傳之秘　應驗如神
111	奇門心法秘纂	題【漢】韓信（淮陰侯）	
112	奇門廬中闡秘	題【三國】諸葛武侯註	
選擇類			
113－114	儀度六壬選日要訣	【清】張九儀	清初三合風水名家張九儀擇日秘傳
115	天元選擇辨正	【清】一園主人	釋蔣大鴻天元選擇法
其他類			
116	述卜筮星相學	【民國】袁樹珊	民初二大命理家南袁北韋
117－120	中國歷代卜人傳	【民國】袁樹珊	南袁之術數經典